dtv

»Rausch und Verklärung sind die Schlüsselworte für den Faschismus, für seine Vorderseite, wie für seine Rückseite Terror und Tod die Schlüsselworte sind ... Man war plötzlich wer. Man war etwas Besseres, etwas Höheres: ein Deutscher. Weihe lag über dem deutschen Land.« Das persönliche Leben im Kleinbürgeralltag und die Politik der Jahre des Nationalsozialismus sind in diesem Bericht über ›Eine Jugend in Deutschland‹ auf ungewöhnliche Weise miteinander verknüpft. Horst Krüger, der sich selbst als »typischen Sohn jener harmlosen Deutschen, die niemals Nazis waren und ohne die die Nazis ihr Werk nie hätten tun können« charakterisiert, zieht Bilanz, weil er wissen möchte, »wie das damals war unter Hitler«. Dabei entsteht eine aufrichtige und scharfe Analyse des deutschen Kleinbürgertums in der Ära des Faschismus.

Horst Krüger, am 17. September 1919 in Magdeburg geboren, lebt seit 1967 als freier Autor in Frankfurt am Main. 1970 erhielt er den Thomas-Dehler-Literaturpreis, 1972 den Johann-Heinrich-Merck-Preis der Deutschen Akademie für Sprache und Dichtung, 1973 den Berliner Kritiker-Preis, 1990 den Hessischen Kulturpreis.

Horst Krüger

Das zerbrochene Haus

Eine Jugend in Deutschland

Deutscher Taschenbuch Verlag

Von Horst Krüger
sind im Deutschen Taschenbuch Verlag erschienen:
Poetische Erdkunde (1675)
Kennst du das Land (11158)
Ludwig lieber Ludwig (12068)

Ungekürzte Ausgabe
November 1986
6. Auflage Oktober 1999
Deutscher Taschenbuch Verlag GmbH & Co. KG,
München
© 1976 Hoffmann und Campe Verlag, Hamburg
Mit einem Nachwort zur erweiterten Neuausgabe 1976
Erstveröffentlichung 1966
Umschlagkonzept: Balk & Brumshagen
Umschlagfoto: ›Bahnhof Friedrichstraße‹ (1927),
(© Landesbildstelle Berlin)
Gesamtherstellung: C. H. Beck'sche Buchdruckerei,
Nördlingen
Gedruckt auf säurefreiem, chlorfrei gebleichtem Papier
Printed in Germany · ISBN 3-423-10665-4

Inhalt

Natürlich muß die Wahrheit
im Kampf mit der Unwahrheit
geschrieben werden,
und sie darf nicht etwas Allgemeines,
Hohes, Vieldeutiges sein.
Von dieser allgemeinen, hohen vieldeutigen Art
ist ja gerade die Unwahrheit.

Bertolt Brecht

Ein Ort wie Eichkamp

Berlin ist ein endloses Häusermeer, in dem ein Strom von
Flugzeugen dauernd ertrinkt. Es ist eine große graue
Steinwüste, die mich immer wieder erregt, wenn ich ihr
entgegenschwebe: Magdeburg, Dessau, Brandenburg,
Potsdam, Zoo. Sie bauen da U-Bahn-Schnellstrecken und
Stadtautobahnen, tüfteln an raffinierten Avus-Verteilern
und verwegenen Fernsehtürmen. Das alles ist das neue,
moderne Berlin, das technische Karussell der Inselstadt,
das sich dreht, von dem spröden, lakonischen Witz der
Leute drinnen und vom Kapital von draußen betrieben.
Es ist schön und strahlend, dieses neue Berlin, aber erst
wenn ich in der S-Bahn sitze, die jetzt ziemlich leer und
DDR-schäbig durch den Westen rollt, fühle ich mich eigentlich zu Hause. Das ist mein Berlin, das dröhnende,
singende Trauma meiner Kindheit, mein stehengebliebe-
nes eisernes Spielzeug, das immer noch mit seinem hellen,
hastig schlagenden Ton zu sagen scheint: Du bist da, du
bist wirklich da, so war es immer, so wird es bleiben.
Berlin ist eine gelbpolierte Holzbank, hart und blank, ein
regenverwaschenes, schmutziges Fenster, ein Abteil, in
dem es unsäglich nach Reichsbahn riecht. Das ist ein Ge-
misch aus stehengebliebenem Rauch, Eisen und vielen
Arbeiterkörpern, die aus Spandau kommen, Margarine-
stullen im Leib, mit Vierzehn einmal zur Konfirmation
gewesen, dann täglich die ›Morgenpost‹ gelesen. Berlin ist
das alles und ist ein Groschenautomat auf dem zugigen
Bahnsteig, aus dem man Pfefferminztabletten ziehen
kann: weiß und grün, in steifes Silberpapier gewickelt. Es
ist das Zuschlagen der elektrischen Türen und der Ruf am
Bahnhof Westkreuz: »Bitte zurückbleiben!« Niemanden
schreckt das mehr, niemand muß hier mehr zurückbleiben, aber der Ruf ist noch da und der Mann mit der Kelle

und dann das plötzliche Anrucken. Berlin ist eine schäbige gelbe Fahrkarte für fünfzig Pfennig. Für fünfzig Pfennig kannst du noch heute von Spandau bis in die Hauptstadt der DDR fahren.

Ich sitze in der S-Bahn, um nach Eichkamp zu fahren. Ich weiß, Eichkamp ist nicht das, was man heute ein Reportagethema nennt. Berlin-Reports sind gesucht und gefragt: Schreiben Sie uns einen Bericht über die Mauer oder die neue Philharmonie, die Kongreßhalle oder über den Weihnachtsmarkt drüben. So etwas ist immer erwünscht. Aber Eichkamp? Was ist das? Was soll das sein? Es steht in keinem Katalog Berliner Sehenswürdigkeiten; kein schwarzer Stammesfürst und kein Amerikaner, der über den Ozean kam, um den Kurfürstendamm entzückend und die Mauer abscheulich zu finden, wird nach Eichkamp geführt. Im Grunde ist Eichkamp nichts, nur eine kleine, belanglose Siedlung zwischen Neuwestend und Grunewald, wie es in den Randzonen der großen Stadt, wo sich das Häusermeer langsam ins Grüne und Ländliche auflöst, zahllose Siedlungen gibt. Eichkamp ist eigentlich nur eine Erinnerung für mich. Es ist der Ort meiner Kindheit. Hier wuchs ich auf, spielte auf der Straße Murmeln und Hopse und Himmel und Hölle, ging zur Schule und kehrte später von der Universität zum Essen und Schlafen hierher zurück. Eichkamp ist einfach meine Heimat, die ich – ein Fremder – nach mehr als zwanzig Jahren wiedersehen will.

Ich kehre als Bundesbürger zurück. Ich habe meinen Beruf und mein Auto, meine eigene Welt heute drüben gelassen; ich kehre allein zurück, nicht weil ich das rührend und schön finde, als erwachsener Mann den Spuren der Kindheit wieder nachzuschleichen. Abscheuliche Sehnsucht alternder Männer, sich über ihre Kindheit zu beugen. Obszönität der Greise, die klopfenden Herzens auf Spielplätzen hocken, als gäbe es da heimliche Paradiese zu entdecken. Eichkamp war für mich kein Paradies

und meine Kindheit kein heimlicher Traum. Eichkamp
war einfach meine Jugend unter Hitler, und ich möchte
es wiedersehen und möchte endlich begreifen, wie das
damals war unter Hitler. Jetzt ist schon mehr als eine
Generation vergangen. Alles, was damals das Dritte
Reich war: der Fackelzug Unter den Linden und der Jubel im Radio und der Rausch der Erneuerung, ist vorbei,
vergangen, vergessen. Auch die Brotmarken und die
Bomben über Eichkamp und die Gestapo, die manchmal
aus der Innenstadt mit schwarzen Autos kam, sind längst
vergessen. Jetzt müßte man es doch verstehen, meine ich.
Jetzt liegt fast ein Menschenleben dazwischen, Rausch
und Depression sind verklungen, alles ist neu und anders
geworden. Ich bin ein Bürger der Bundesrepublik, ich
komme aus dem Westen, ich komme nach Eichkamp,
weil mich die Frage quält, wie das eigentlich war, was wir
heute alle nicht mehr begreifen können. Jetzt, meine ich,
müßte man es verstehen.

Nachts führen mich manchmal meine Träume nach
Eichkamp zurück. Es sind schwere, angstvolle Träume.
Träume, nach denen ich morgens gegen sechs wie zer-
schlagen erwache. Dreißig Jahre sind eine lange Zeit, Zeit
einer Generation, Zeit zu vergessen. Warum kann ich
nicht vergessen?

Mein Traum: Ich komme nach Eichkamp, ich stehe vor
unserem Haus. Lange Risse ziehen sich durch die Außen-
wände, unser Haus ist von Preßluftbomben beschädigt.
Ein kleines, zweistöckiges Reihenhaus an der Peripherie
von Berlin, billig und rasch in den zwanziger Jahren er-
richtet. Jetzt ist alles auf eine klägliche Weise repariert,
Türen und Fenster sind wacklig, im Innern der Holzfuß-
boden brüchig. Im Herrenzimmer sitzt meine Mutter
und liest meinem Vater aus einem Buch vor. Der Raum
ist klein, niedrig und auf jene unbeschreiblich dissonante
Weise möbliert, die man damals bürgerlich nannte: Wa-
renhausramsch mit Erbstücken aus der guten alten Zeit

angereichert. Runder Pilztisch mit Spitzendecke, Stehlampe mit Pappschirm, billiger Kiefernschreibtisch, kantig und mit Messingnägeln beschlagen. Ein viel zu großer Kronleuchter hängt mit langen Kristallbändern tief in den Raum: Erbstück aus Buckow. Ein riesiger Eichenschrank füllt fast ein Drittel des Zimmers: Erbstück aus Stralau; »unser Barockschrank«, hieß es zu Hause. Mein Vater sitzt teilnahmslos an seinem schwarzlackierten Schreibtisch. Er hat wie immer Akten vor sich, er kratzt sich wie immer am Kopf, an seiner »Wunde«: Verdun 1916. Meine Mutter versinkt hinter dem runden Pilztisch in einem stoffbezogenen, fleckigen Sessel; »unser Klubsessel«, hieß es. Das Licht der Lampe fällt mild über das Buch. Ihre Hände sind schmal, die Finger lang und feingliedrig und huschen nervös über die Zeilen. Sie hat katholische Augen: dunkel, gläubig, basedowstark. Etwas Verkündigendes liegt in ihrer Stimme. Sie liest aus einem Buch vor, das den Titel trägt: ›Mein Kampf‹. Es ist Spätsommer 1933.

Nein, meine Eltern sind niemals Nazis gewesen. Das ist es, das macht mir den Fall so suspekt. Sie lasen in diesem Buch des neuen Herrn Reichskanzlers mit den großen, erstaunten Augen von Kindern. Sie lasen ängstlich und erwartungsvoll darin: Ungeheure deutsche Hoffnung mußte da stehen. Sie hatten sonst keine Bücher, nur das Adreßbuch von Groß-Berlin, die Bibel und allerdings auch das ›Jettchen Gebert‹. Sonst nur Paul Lincke gehört, ›Frau Luna‹ und so, und zu Silvester die ›Fledermaus‹ im Admiralspalast und aus dem Radio manchmal das Wunschkonzert; wenn es hoch kam, die Ouvertüre zu ›Donna Diana‹. Meine Eltern waren auf jene rührende Weise »unpolitisch«, wie damals fast alle Eichkamper. In den zwölf Jahren unter Hitler bin ich in Eichkamp eigentlich nie einem wirklichen Nazi begegnet. Das ist es, das zieht mich zurück. Es waren lauter brave, fleißige Bürgerfamilien, ein wenig beschränkt und borniert,

Kleinbürger, mit den Schrecken des Krieges und den Ängsten der Inflation im Rücken. Nun wollte man Ruhe. Man war Anfang der zwanziger Jahre nach Eichkamp gezogen, weil das eine neue grüne Insel war. Hier standen noch Kiefern und Föhren im Garten, zum Teufelssee war es nur eine Viertelstunde. Da konnten die Kinder baden. Man wollte sein Gemüse im Garten anbauen. Am Wochenende sprengte man zufrieden den Rasen. Es roch fast nach Land. In der Stadt rollten damals die goldenen, wilden zwanziger Jahre, man tanzte Charleston und begann schon zu steppen. Brecht und Eisenstein begannen hier ihren Siegeszug. Die Zeitungen meldeten Straßenschlachten vom Wedding, Barrikadenkämpfe vor dem Gewerkschaftshaus. Das lag weit weg von uns, wie durch Jahrhunderte getrennt. Abscheuliche, unbegreifliche Fälle von Unruhestiftung. In Eichkamp lernte ich früh, daß ein anständiger Deutscher immer unpolitisch ist.

Seltsames Gefühl, als jetzt der Zug im Bahnhof Eichkamp einfährt. Erinnern, vergessen, wiedererinnern, Verwandlung der Zeiten: Was ist das? Das ist doch nicht neu, was du jetzt tust, das hast du doch schon einmal erlebt, das war doch immer so: aufstehen von der gelbpolierten Bank, deine Sachen aus dem Netz nehmen, an fremden Leuten vorbeidrängen, den Messinggriff an der Tür umfassen, oben den Daumen herum, dann langsam den Griff nach rechts ziehen, aufreißen. Ein Gefühl von Mut. Während der Zug jetzt hart an der Bahnsteigkante dahinrast, ganz vortreten, der Fahrtwind bläst dir plötzlich ins Gesicht, und dann, während der Wagen nur noch langsam rollt, diese herrliche Versuchung, abzuspringen. Ich weiß, das ist verboten, es steht über der Tür, es war schon damals unter Hitler verboten, aber jetzt spüre ich wieder diese Versuchung, die mich als Tertianer so unbändig reizte: Wenn man im richtigen Augenblick abspringt und die Fliehkraft des Körpers mit den Füßen gut aufnimmt, kommt man mit demselben Schwung noch in Eichkamp die Treppe hoch, ist als erster oben an der Sperre, ist als erster draußen auf dem grünen Vorplatz, ist als erster in dem schmalen Gartenweg, der zur Siedlung führt.

Hinter dir gehen in gemächlichem Abstand die Eichkamper. Ein paar Herren mit Aktentaschen, Inspektoren, Angestellte, Amtmänner, ältere Frauen, die in Charlottenburg oder am Zoo eingekauft haben und nun etwas erschöpft und mit watschelndem Gang in großgeblümten Kleidern irgendwelchen kleinen Häuschen zustreben, junge Mädchen, die hier eine Tante besuchen. Junge Burschen mit Fußballschuhen unter dem Arm, die gleich nach rechts abbiegen, weil dort die Sportplätze liegen. Früher trugen sie manchmal blaue Hemden. Das waren die Judenjungens, die hier in Eichkamp zum Sportplatz der Zionisten gingen.

Ja, was ist die Zeit? Was erinnern? Wie ist es möglich, daß du alles das jetzt wieder tust, so, als seist du vierzehn? Vier Jahre Grundschule in Eichkamp, neun Jahre das Grunewald-Gymnasium besucht, neun Jahre lang täglich von der S-Bahn abgesprungen und dazwischen das Hakenkreuz über Eichkamp; erst die Skepsis und dann die frohe Stimmung, weil es nun doch wieder mit uns allen bergauf ging. Katzensteins und Schicks und Wittkowskis waren weggezogen. Man hatte es eigentlich nicht recht bemerkt. Es waren unsere guten Juden; die schlimmen wohnten rund um den Alex.

Jeder Eichkamper hatte mindestens einen guten Juden. Meine Mutter bevorzugte jüdische Ärzte. »Sie sind so sensibel«, sagte sie. Arnold Zweig wohnte damals in Eichkamp. Sein modisches Flachdach war undeutsch und mußte nach seiner Flucht gleich germanisch gegiebelt werden. Ludwig Marcuse wohnte drei Häuser neben uns und war auch 33 geflohen. Man merkte das alles nicht. Direkt neben uns wohnte Elisabeth Langgässer. Sie kam manchmal zu uns, Beromünster zu hören. Sie sagte im-

mer, der Hitler habe in drei oder vier Monaten »abgewirtschaftet«. Das sei doch klar. Sie glaubte das zwölf
Jahre lang. Und blieb bis zum Schluß.

Und dann der Tag der ersten Lebensmittelkarten.
1. September 39. Ich stehe vor dem Konsum und kann
plötzlich nicht mehr kaufen, was meine Mutter wollte.
Die Butter ist rationiert, das Brot auf Karten. Die Eichkamper blicken mißmutig drein. Ist das nicht wie damals,
17? Dann die ersten Flieger. Ich stehe im Garten und
höre drei Engländer hoch in der Luft brummen. Die
Langgässer tritt an den Zaun. Sie ist klein, untersetzt,
französisch geschminkt und trägt eine dicke Hornbrille.
Wenn sie durch unsere Straße geht, rufen ihr die Kinder
nach: »Der Tuschkasten kommt, der Tuschkasten
kommt!« Und die Langgässer sagt zu mir: »Das sind
unsere Befreier, Horst, glaub es mir« und blickte dabei
mit dem Zwinkern der Kurzsichtigen kritisch zum Himmel. Und später dann all die schweren Bomben über die
Siedlung und dann die Russen, die hier auch schossen
und auch Häuser aufbrachen und auch sagten: »Frau,
komm mit!« Hatte Eichkamp das verdient? Dann kamen
die Engländer und die Hungerjahre, die geflickten Häuschen, die Zeit der schönen Schwarzmarktblüte, die Wäh-
rungsreform und die Blockade und wie es dann langsam
mit der Stadt wieder aufwärtsging.

Merkwürdig – jetzt steht Eichkamp wieder wie früher
da. Es ist, als sei kaum etwas gewesen, als wäre das Ganze
nur ein böser Spuk, nur ein Alptraum, ein Versehen der
Geschichte gewesen. Das Versehen ist längst repariert.
Die alten Reihenhäuser, ein paar neue Bungalows
schüchtern dazwischen. Die alten Häuser sind schmal
und hoch, die Wände mit gelblichem Mörtel beworfen,
wilder Wein rankt sich da hoch. Die Gärten, die Eichkamper Gärten – ist das noch Berlin? Der Flieder blüht
hier wieder in schweren Dolden, blauviolett und weiß,
ein Duft von Jasmin strömt aus den Vorgärten. Gladiolen

stehen kerzengerade in Beeten und daneben Erdbeeren und Zwiebeln, Dill für die Küche, Salatköpfe, Kohlrabi, Rotkohl und Kerbel, im Hintergrund Kiefern, die märkischen Föhren mit ihren hohen, schmalen, federnden Stämmen. Auch der Funkturm ist da, und irgendwo blühen Linden. »Unsterblich duften die Linden.« Habe ich das nicht zum erstenmal in Eichkamp gelesen?

Ich bin also dabei, sentimental zu werden. Natürlich, ich bin auf dem Wege nach Hause. Und wie es immer ist, wenn man nach Jahrzehnten nach Hause kommt: Alles wird nun immer kleiner, die Häuser, die Gärten, die Straßen – wie konnte man nur hinter so winzigen Fenstern leben? Und der Fleischer Schmiedt verkauft hier noch immer seine Würstchen und sein Gehacktes, er muß uralt sein, und der Bäcker Labude, den gibt es auch noch oder doch wenigstens sein Geschäft, die haben auch überstanden. Da ging ich immer für fünf Pfennig Schnecken kaufen, das waren kleine, runde, spiralenförmige Zuckerbrötchen, und am Wochenende durfte ich Bienenstich kaufen: vier Stück à zehn Pfennig. Das war unser Sonntagskaffee.

Ich gehe wieder wie damals: Fliederweg, Lärchenweg, Buchenweg, Kiefernweg, Vogelherd, Im Eichkamp – alles schmale, zierliche Sträßchen, noch heute ohne Bürgersteig, noch heute mit Gaslaternen, winzige Häuschen mit schmalen Vorgärten, grüne Läden an den altmodischen Fenstern und dahinter lauter brave, biedere Leute, die ihr Handwerk, ihr Geschäft, ihre Amtsstube gut verwalten. Eichkamp war die Welt der guten Deutschen. Ihr Horizont reichte noch bis Zoo und Grunewald, bis Spandau und Teufelssee – aber nicht weiter. Eichkamp war ein kleiner grüner Kosmos. Was wollte Hitler hier eigentlich? Hier wählte man nur Hindenburg und Hugenberg.

Und dann bin ich plötzlich da. Aber da ist nichts. Da ist nur ein Loch: Geröll, vermodertes Holz, zerbrochene Steine, viel Sand und Grün wieder darüber, ein zerbeulter

Koffer liegt unten im Kellergeschoß. Ein Keller, verwachsen, verwildert, vergessen – übriggeblieben aus dem großen Krieg, ruinöser Rest aus der Schlacht um Berlin, Hausruine, wie man sie neben den strahlenden, sachlichen Neubauten finden kann. Überall gibt es noch solche leeren Stellen, solche weißen Flecken auf dem Atlas unseres neudeutschen Wohlstandes. Die Besitzer sind tot oder vermißt, leben im Ausland, haben die Welt von damals vergessen, wollen daran nicht mehr erinnert werden. Und ich stehe da und denke: Das also ist deine Vergangenheit, das ist dein Erbe, das haben sie dir hinterlassen. Hier bist du aufgewachsen. Das war deine Welt. Es sind kaum dreißig Quadratmeter im Grundriß, hier stand einmal unser Haus, zwei Stockwerke hoch und oben noch eine ärmliche Kammer fürs Dienstmädchen. Und auf diese dreißig Quadratmeter wurdest du 1923 als Dreijähriger geführt, und als du dieses Haus zum letztenmal betratest, warst du vierundzwanzig und warst ein deutscher Obergefreiter im Jahr 44. Du kamst von der Front in Italien. Du hattest einen Benzintank bei dir: zwanzig Liter. Du brachtest zwanzig Liter Olivenöl aus dem Kriege mit, und als wir die Bratkartoffeln gegessen hatten, die dieses kostbare Öl wieder ermöglichte, wurde uns allen schlecht. Wir erbrachen uns. Das Fett war zuviel. Wir mußten einfach kotzen. Wir – das hieß damals: meine Eltern und ich. Meine Schwester hatte sich schon vorher getötet: 38.

Ich bin also wieder zu Hause. Ich bin in Eichkamp. Ich stehe vor unserem Grundstück, es blühen wieder die Linden, und ich meine, wenn ich das alles jetzt verstünde, was sich in diesem Haus zutrug, so wüßte ich, wie das damals war – das mit Hitler und den Deutschen. Irgendwo hier in Charlottenburg wird es doch ein Katasteramt geben, da mußt du im Grundbuch drinstehen. Es ist unbestreitbar. Du besitzt noch eine Ruine, dieses Kellergeschoß, und wenn du dich erinnern könntest, müßte das

Haus wieder stehen: dieses farblose, öde, schreckliche Kleinbürgerhaus, dessen Sohn du bist. Ich schäme mich etwas, aus diesem engen, verwaschenen Kleinbürgerhaus zu stammen; ich wäre gern der Sohn eines Gelehrten oder der eines kleinen Arbeiters, ich wäre gern Thälmanns Sohn oder der von Thomas Mann, das wären doch Fronten, aber ich stamme nur aus dem Eichkamp. Ich bin ein typischer Sohn jener harmlosen Deutschen, die niemals Nazis waren und ohne die die Nazis doch niemals ihr Werk hätten tun können. Das eben ist es.

Erinnern, erinnern, wie soll man sich an alles erinnern? Meine früheste Erinnerung an Hitler ist Jubel. Ich bedaure das, weil es die Historiker doch heute anders wissen, aber *ich* hörte zuerst nur Jubel. Er kam nicht aus Eichkamp. Er kam aus dem Radio. Er kam aus der fernen, fremden Stadt Berlin, er kam von den Linden und vom Brandenburger Tor, zu dem man von Eichkamp mit der S-Bahn zwanzig Minuten brauchte. So weit weg war das.

Es war eine kalte Januarnacht, es war ein Fackelzug, und der Sprecher im Radio, der in lauten Tönen eigentlich mehr sang und schluchzte als berichtete, mußte Ungeheures erleben; es mußte da ein unbeschreiblicher Jubel auf der Prachtstraße der Reichshauptstadt sein, und alle gutwilligen, alle echten und jungen Deutschen mußten zusammengeströmt sein, um, wie ich vernahm, dem greisen Marschall und seinem jungen Kanzler zu huldigen. Die standen beide am Fenster. Es muß wohl so etwas wie ein Halleluja der Erlösten gewesen sein: Berlin, ein Freudenfest, Berlin, ein Frühlingsmärchen der Nation. Ein Singen und Marschieren und Rufen und Brausen und dann wieder die schluchzende Stimme im Radio, die etwas von Deutschlands Erwachen sang und wie in einem Refrain immer hinzufügte, daß sich nun alles, alles wenden werde.

Die Eichkamper waren skeptisch. Meine Eltern hörten

das mit erstaunten und etwas verängstigten Ohren. Irgendwie paßte ja so viel Glück und Größe nicht in unsere engen Stuben, in diese von allerlei Ramsch und altem Zierat vollgestellten Zimmer. Bald nach elf drehte mein Vater ab und ging etwas ratlos schlafen. Was brach da auf? Welche Welten gab es da draußen? Aber der greise Marschall und sein junger Kanzler, der letztere jetzt öfters im Frack, und das, was sich nun fortan das Kabinett der nationalen Konzentration nannte, zogen später auch über Eichkamp wie eine Hoffnung auf. Die Skeptiker wurden ruhiger, die Lauen nachdenklich, die kleinen Geschäftsleute hoffnungsfroh. Plötzlich war in diese kleine, grüne Oase der Unpolitischen der Sturm der großen Welt hereingebrochen, kein Sturm der Politik, eher ein Frühlingssturm, ein Sturm der deutschen Verjüngung. Wer wollte in ihm nicht seine Segel setzen?

Zu den schwarz-weiß-roten Fahnen, die die Eichkamper schon immer lieber als die schwarz-rot-goldenen herausgeholt hatten, kamen jetzt Hakenkreuzfahnen, viele kleine und große, oft selbstgeschneiderte Fahnen mit einem schwarzen Hakenkreuz auf weißem Grund; einige hatten in der Eile die Hakenkreuze verkehrt herum aufgenäht, aber man sah doch den guten Willen. Es war die Zeit der Erneuerung, und eines Tages kam meine Mutter mit einem kleinen dreieckigen Wimpel nach Hause und sagte: »Das ist für dein Rad. Alle Jungens hier in Eichkamp haben jetzt an ihren Rädern solche hübschen Wimpel.« Sie meinte das, wie alles, was sie tat, natürlich ganz unpolitisch. Es war einfach jetzt so erhebend und feierlich. In Potsdam hatten der greise Marschall und sein junger Kanzler einen historischen Händedruck getauscht: Garnisonkirche, Hohenzollern, die alten Fahnen und Standarten der preußischen Regimenter, alles war so fromm, und hinterher so getragen-erhebend das Lied vom guten Kameraden, er ging an meiner Seite – da ging meine Mutter zu Hermann Tietz, der war noch jüdisch, und kaufte den ersten Hakenkreuzwimpel.

Die Nazis hatten einen untrüglichen Sinn für provinzielle Theatereffekte. Sie hatten alles Zeug, um in einer Vorstadt eine Wagneroper mit all dem falschen Zauber von Weltesche und Götterdämmerung so zu inszenieren, daß dieselben Leute, die sonst ›Frau Luna‹ oder die ›Fledermaus‹ hörten, verklärt und ergriffen waren. Rausch und Verklärung sind die Schlüsselworte für den Faschismus, für seine Vorderseite, wie für seine Rückseite Terror und Tod die Schlüsselworte sind, und ich glaube, daß auch die Eichkamper sich gerne berauschen und verklären ließen. Das war der Punkt ihrer Anfälligkeit. Hier waren sie waffenlos. Man war plötzlich wer. Man war etwas Besseres, etwas Höheres: ein Deutscher. Weihe lag über dem deutschen Land.

So kam es, daß meine Mutter im Herbst das Buch des neuen Herrn Reichskanzlers zu lesen begann. Sie hatte schon immer diesen Drang zum Höheren in sich gespürt. Das lag ihr im Blut. Sie stammte aus einer alten schlesischen Familie, die, etwas verlottert und immer verschuldet, so langsam aus Böhmen ins Preußische gewandert war. Meine Mutter war wie Hitler »musisch« und »irgendwie katholisch«. Sie huldigte einem unsäglichen Privatkatholizismus: spirituell, sehnsüchtig, verworren. Sie schwärmte für Rom und den rheinischen Karneval, betete, wenn sie ihre Schlüssel verlegt hatte, zuversichtlich zum heiligen Antonius und ließ uns Kindern gegenüber gelegentlich durchblicken, daß sie von Haus aus zu Höherem bestimmt war: Ordensfrau bei den Ursulinen. Es war nie zu klären, warum diese nervöse und zarte Frau, die sich gelegentlich sehr ernst mit Anthroposophie und dem Vegetarismus beschäftigen konnte, diesen gutmütigen Handwerkersohn aus Berlin-Stralau geheiratet hatte. Eigentlich war er nicht standesgemäß und überdies auf jene ruppige Berliner Weise evangelisch, deren Gläubigkeit sich bis heute nur in einem rabiaten und höhnischen Antikatholizismus äußert.

In der Schule hatte es mein Vater nicht weit gebracht. Sein Glücksfall war, wie für so viele deutsche Männer damals, der Krieg. Nein, mein Vater ist kein Militarist gewesen, er war ein friedlicher und gutmütiger Mensch, aber im Kriege wurde mit einem Male alles so klar und einfach. Er muß brav und tapfer gewesen sein und wurde schon 1916 vor Verdun schwer verwundet, und seitdem ging es eigentlich mit seiner bescheidenen Beamtenlaufbahn dauernd aufwärts. Erst der Kopfschuß, das war wie ein Glücksfall, dann das Eiserne Kreuz, dann Unteroffizier, dann Feldwebel, und zum Schluß muß er wohl so etwas wie ein Vizeleutnant gewesen sein; er brachte jedenfalls 1918 einen Offizierssäbel mit aus dem Krieg und irgendein Papier, das ihn berechtigte, nun noch einmal ganz von unten eine »Staatslaufbahn« zu beginnen. Eine Weile trug er Akten, zog später einen Karren durch die langen Gänge des Preußischen Kultusministeriums, wurde dann später Hilfsassistent, Assistent, Bürovorsteher und schließlich gar Inspektor.

Der Aufstieg meines Vaters war damit nicht beendet. Damals, als wir nach Eichkamp zogen, muß er wohl schon Oberinspektor gewesen sein, er war nun Beamter auf Lebenszeit, konnte sich ein eigenes Häuschen leisten, bezog eine Ministerialzulage und schaffte es unter Brüning noch bis zum Amtmann. Für ihn war das ein Gipfel, ein atemberaubender Höhepunkt, für den man dem Staat lebenslänglich Treue und Unterwerfung schuldete. Ein Leben lang fuhr er morgens acht Uhr dreiundzwanzig ins Ministerium, er fuhr Polsterklasse, las zu Hause die ›DAZ‹ und den Lokalanzeiger, trat nie in die Partei ein, wußte nie etwas von Auschwitz, abonnierte nie den ›Völkischen Beobachter‹, der war ihm zu laut und kämpferisch, aber acht Uhr zwanzig, wenn er den Zeitungskiosk am Bahnhof Eichkamp passierte, dann kaufte er sich den ›Völkischen Beobachter‹ und hielt ihn sich zwanzig Minuten bis zum Bahnhof Friedrichstraße vor die Nase, damit die anderen auch seine Loyalität dem neuen, völkischen Staat gegenüber erkennen konnten. In Friedrichstraße ließ er das Blatt liegen. Im Ministerium muckte er manchmal gegen grobe Rechtsverstöße der neuen Herren im kleinsten Kreis auf; auch waren politische Witze gestattet; er liebte besonders die, die mit »Hermann« anfingen.

Ein Leben lang kam er sechzehn Uhr einundzwanzig nach Hause, immer mit demselben Zug, immer im selben Abteil zweiter Klasse, wenn Platz war, immer am selben Eckfenster, immer mit einer Aktentasche voll Arbeit in der rechten Hand, mit der linken zeigte er seine Monatskarte im hellen Blechetui vor – er sprang niemals vom fahrenden Zug ab. Er hatte sein Ziel erreicht, er war ein deutscher Staatsbeamter, und ob das nun Noske oder Ebert, Scheidemann oder Brüning, Papen oder Hitler hieß, er war immer zu Treue und Loyalität verpflichtet. Sein Amt war seine Welt und sein Himmel seine Frau. Die las damals ›Mein Kampf‹, war »irgendwie katholisch« und wurde nur für kurze Zeit »politisch«.

Ich weiß nicht, wie es damals vor Hitler in all diesen kleinen, verwinkelten Siedlungshäuschen eigentlich zuging – ich vermute, es war nicht sehr viel anders als bei uns zu Hause. Aufstehen um halb sieben, sich waschen, frühstücken und eine freundliche Miene zeigen, in die Schule gehen, nach Hause kommen, das Essen im Ofen, dann oben die Schularbeit, das offene Fenster, da lockte das Leben, aber dann wieder das Schulbuch, dann das Kommen meines Vaters so gegen halb fünf, geringe Hoffnung, nun würde etwas passieren, er würde etwas Ungewöhnliches mitbringen aus der Stadt, aber es passierte nie etwas bei uns, alles war normal, geregelt, in Ordnung.

Wenn nicht die Krankheiten meiner Mutter gewesen wären, diese herrlichen, abenteuerlichen Krankheiten einer Frau voll Phantasie – so wäre meine Jugend hier in Eichkamp ein einziger Tag gewesen, der fünfzehn Jahre dauerte, fünfzehn Jahre nichts, einfach nichts, was Höhen oder Tiefen, Schrecken oder Freuden gewesen wären: fünfzehn Jahre lang Zwang, mörderische Zwangsneurose einer braven Beamtengestalt.

Das Schlimmste waren natürlich immer die Sonntage. Da mußte lange geschlafen werden, weil doch Sonntag war. Sonntag 1931 in Eichkamp: Das Frühstück unten wurde unendlich ausgedehnt, feierliche, starre Gesichter meiner Eltern, weil doch Sonntag war. Einsilbiger Wortwechsel über den Zustand der Eier, die als zu hart oder zu weich befunden wurden. Versuche, freundlich, sonntäglich zueinander zu sein, Versuche, über das Wetter zu sprechen, Worte, die mißverstanden wurden, erste Anfänge von Streit, dann wieder Schweigen. In das Schweigen hinein die sinnlose, irgendwie bösartige Frage, ob jemand noch Kaffee nachgeschenkt haben wolle. Wir trugen Sonntagsstaat, und beim Nachschenken mußte man natürlich höllisch aufpassen.

Ich hatte mir schon früh angewöhnt, in solchen Situationen auf eine verbissene, starre Weise zum Fenster hinauszublicken. Ich meinte immer, ich säße gar nicht an diesem Familientisch, sondern irgendwo draußen im Garten, ganz allein im Grünen frühstückend, herrliches Fest der Einsamkeit. Es muß wohl eine böse und höhnische Art gewesen sein, die anderen zu übersehen. Schon mit Dreizehn konnte ich fünf Minuten wie abwesend in meiner Kaffeetasse rühren und draußen eine Kiefer im Wind interessiert betrachten, während meine Eltern einsilbige Versuche über den Bienenstich, das Dienstmädchen oder den Zustand unseres Barockschrankes von sich gaben. Aber auch diese meine demonstrative Abwesenheit wurde hier nicht bemerkt. Bei uns wurde überhaupt nichts bemerkt. Wir saßen alle wie Marionetten da, die nicht zueinander konnten. Wir hingen an hohen Fäden.

Nach dem Frühstück gab es gewisse Höhepunkte. Mein Vater begann unsere große Standuhr, die unser Eßzimmer wie ein langer, aufrecht stehender Sarg schmückte, aufzuziehen. Eichengeschnitztes wurde entriegelt und die große Glastür feierlich geöffnet, der mächtige Aufziehschlüssel aus schwerem Messing aus der Vitrine gefischt. Dann hielt er plötzlich mit einem entschlossenen Handgriff den mächtigen Perpendikel an. Es tickte in unserer Stube nicht mehr. Bedrückende Stille, dann begann das Drehen und Schnarren des Räderwerkes, in kurzen, straffen Zügen wurde das Federwerk aufgezogen. Staub wirbelte empor. Die Prozedur mußte zweimal geleistet werden, denn natürlich mußte auch das Läutwerk mit seinem Bimbam neu gestrafft werden, und dann war seine Kraft sozusagen magisch in dieses Räderwerk übergegangen. Es würde nun wieder eine Woche ticken und Bimbam machen, die Woche konnte beginnen, der Sonntag war sichergestellt, der Kasten geschlossen. Nun steckte er sich eine Zigarre von Boenicke an. Die kostete zwanzig Pfennig.

Dann regelmäßige Erörterungen über den Kirchgang. Auf unbegreifliche Weise stand bei uns fest, daß einer am Sonntag immer zur Kirche gehen mußte. Wir waren gar nicht kirchlich oder fromm – trotzdem. Mein Vater schied aus den Erwägungen aus, da er evangelisch war und Evangelische in Berlin eben nicht zur Kirche gehen. Meine Mutter hatte immer ein starkes Bedürfnis nach geistlichem Zuspruch und Umgang mit höheren Mächten – schon lange vor Hitler. Sie versprach sich davon Trost und Stärkung, fühlte sich wohl auch an ihre Klosterzeit erinnert, aber leider ließ ihr angegriffener Gesundheitszustand solche Gänge nur selten zu. Sie hatte es wie fast alle Frauen leicht am Herzen, und gerade sonntags, wenn sie sich gegen elf ihre Pelzjacke, die sie nun auch besaß, zu richten begann, konnte sie leicht eine jener plötzlichen, unerwarteten Herzattacken überfallen. Dann mußten die Tropfen geholt werden, und sie lag auf dem Sofa flach. So blieb die Sache meistens an mir hängen. Sie wurde einfach dem Schwächsten zugeschoben. Ich war zwölf, war gar nicht katholisch, war auch nicht evangelisch, sondern ebenso nichts wie damals fast alle Eichkamper, ich war der Jüngste, konnte mich nicht wehren und wurde so wie der Sündenbock bei den Juden für die ganze Familie in die Kirche getrieben.

Ja, so oder ähnlich war das damals vor Hitler in Eichkamp. Zum Mittag roch es überall nach Sauerbraten oder Kalbskopf, es gab Spinat oder Kohlrabi aus dem Garten dazu. Ich sollte immer erzählen, was der Pfarrer in der Kirche gesagt habe. Ich wußte das nie so genau und zeigte mich störrisch. Meine Mutter begann dann auf eine nervöse, überpenible Weise ganz vornehm und steif mit Messer und Gabel zu hantieren, sie stocherte wie mit chinesischen Stäbchen in den Kartoffeln, so, als könne sie durch betonte rituelle Speisegebärden die Schuld meiner geringen Gläubigkeit beschwörend abwenden. Mein Vater machte manchmal, während er sich die Serviette vorband, noch eine höhnische Bemerkung über Katholisches. Das brachte dann meine Mutter in kerzengerade Haltung. Es gab Streit. Dabei wurde nach Soße und Kartoffeln gefragt, und ich begann wieder interessiert zum Fenster hinauszublicken.

Nachmittags um drei dann ins Kino. Jugendvorstellung: Eintritt dreißig Pfennig. Ich wollte das meistens nicht, aber ich mußte um diese Zeit immer mit meiner Schwester ins Rivoli nach Halensee. Wieder diese leeren, sinnlosen Gänge durch Eichkamp, wieder dieses puppenhafte Nebeneinander, wie von oben gezogen. Kurz vor Halensee liegen die Reichsbahn-Reparaturwerkstätten. Es ging da durch einen langen, dunklen Tunnel, graue, niedrige Betonwände, gewundene Gänge, dann plötzlich wieder Helligkeit: eine lange, triste Straße, Vorstadtstille, Kopfsteinpflaster, in der Straßenrinne Unkraut und Fetzen von Papier – unerwartete Proletarierwelt. Hier wohnten die Arbeiter der Reichsbahn, graue Eisenbahnerwohnungen, monoton und verwaschen, preußischer Kasernenstil von 1880, verschaffte Gesichter, im Fenster liegend. Das waren »die Roten«, wie meine Eltern uns warnend gesagt hatten. Darunter konnte ich mir kaum etwas vorstellen, aber daß die Roten gefährlich waren, sah man ihnen an. Es mußte wohl seinen Grund haben, warum sie hier zwischen Eichkamp und Halensee, gleichsam im Niemandsland der Berliner Bezirke wie hinter Gefängnismauern ihr ärmliches Dasein fristeten. Rotes Pack wohnte hier – Pack war überhaupt das Lieblingswort meiner Eltern für alle, die unter uns lebten: Handwerker und Dienstmädchen, Bettler und Scherenschleifer, die bei uns vormittags an der Tür klingelten und die natürlich in Wahrheit einbrechen wollten.

Auch an der östlichen Peripherie von Eichkamp, kurz vor dem S-Bahnhof, wohnte rotes Pack. Das waren Siedlungshäuschen, die die Arbeiterwohlfahrt zum Gram der alten Eichkamper in den letzten Jahren gebaut hatte. Die Häuschen waren genauso ärmlich und schmucklos wie unsere, sie glichen sich untereinander wie ein Ei dem anderen, aber meine Eltern bestanden immer darauf, daß sie ganz anders seien, ärmliche und billige Massenware und keineswegs zu dem gediegenen Stil der Alteingesessenen gehörend. Die Roten hier wohnten in der Tat anders. In den langen, schmalen Gartenstreifen waren ihre Häuser, wie wenn man sie verbergen wollte, ganz nach hinten gesetzt. Blumengeschmückte Steinwege führten etwas zittrig zur Haustür, und davor sah man noch Federvieh laufen, und Frauen mit verwaschenen Schürzen um den Leib, hellblaue Tücher um den Kopf, trugen da Holzbottiche und Zinkeimer hin und her und schafften und rackerten nach deutscher Handwerkerart. Seltsame, fremde Welt, die ich nie betreten habe, Mischung aus Neugier und Verachtung, neun Jahre ging ich mit der Schulmappe an diesen Zäunen der Roten vorbei, ich war schließlich Gymnasiast und würde sicher einmal als erster in unserer Familie das Abitur machen. Ich wagte nur forschende Blicke von fern, entzogene, verbotene, niedere Welt, Hoffnung und Angst vor dem Unten – Einbruch der Roten in Eichkamp.

Unser Eichkamp war da etwas Gehobeneres, Anständigeres. Meine Mutter trug nie ein blaues Kopftuch, trug keine Bottiche mehr hin und her, war dafür öfters ausführlich krank, bezeichnete sich immer als »leidend«, was ihr eine Aura des Höheren gab. Ich bekam nie heraus, worin ihr Leiden eigentlich bestand. Dafür hielt sie sich öfters ein Dienstmädchen. Das roch immer nach Schweiß, kostete dreißig Mark im Monat, hatte dicke, schwammige Oberarme und mußte meistens nach vier oder fünf Monaten wieder, wie meine Eltern dann sagten, »Knall und Fall« entlassen werden. Es bekam immer ein Kind, und als kleiner Junge brachte ich das zunächst mit dem Schweißgeruch in Verbindung. Erst später hörte ich, daß »dieses Pack« unsäglich schmutzig und triebhaft sei, den freien Sonntagabend offenbar notorisch mit Soldaten verlottere und daß aus solcher Verlotterung gewissermaßen als Himmelsstrafe nach fünf Monaten Kinder kommen.

Das mit dem Kinderkriegen habe ich zu Hause nie erklärt bekommen. Meine Eltern waren nicht nur unpolitisch, sondern auch unerotisch und asexual. Vielleicht gehört das alles zusammen, über die Liebe wurde genauso geschwiegen wie über die Politik. Es war wohl alles zu niedrig. Vor allem das Sexuelle mußte unsäglich niedrig und unfein sein, denn als ich schließlich sechzehn war und, wie alle Eichkamper Jungens, längst zu onanieren begonnen hatte, gab es einmal eine lange Beratung meiner

Eltern, die wohl etwas gemerkt haben mußten. Tatsächlich, sie hatten etwas gemerkt.

Eines Abends lag auf meinem Nachttisch ein schmales Schriftchen. Ich war sehr erstaunt, denn Gedrucktes hatte im Umgang mit meinen Eltern bisher keine Rolle gespielt. Ich begriff sofort, daß Außerordentliches im Spiel sein mußte. Ich begann zu lesen. Es war eine sanfte, milde, freundliche Aufklärungsschrift, die mit Gräsern und Hummeln begann, dann von der Sonne handelte, dann von den Wundern der Gotteskraft sprach, schließlich auf die Manneskraft überging und von den schrecklichen Todsünden der Schwächung handelte. Das sollte dem Rückenmark schaden. Aber ich begriff offenbar die Zusammenhänge nicht ganz, es war wohl alles etwas zu fromm für mich damals. Es war eine katholische Aufklärungsschrift, die meine Mutter in ihrer Ratlosigkeit bei den Ursulinen erworben hatte. Sie sprach nie darüber, ich sprach nie darüber. Wir sprachen überhaupt nie über diesen Punkt zu Hause, und wenn mich die Sache nicht damals am eigenen Leibe bewegt hätte, hätte ich noch mit Zwanzig an den fruchtbaren Schweiß unserer Dienstmädchen glauben können. So war das bei uns. Das deutsche Kleinbürgerhaus sperrt aus seinen engen Stuben nicht nur den Staat, sondern auch die Liebe aus. Es fragt sich – rein soziologisch –, was dann noch übrigbleibt zum Leben. Ohne Politik und Sexualität.

Bei uns blieben zum Beispiel die Nachbarn übrig. Da gab es gewisse Beziehungen, tastende Versuche, Versuche zum Nächsten, Abgrenzungen, Ausbruchsversuche. Manchmal, wenn ich am Sonntagnachmittag so gegen halb sechs mit meiner Schwester aus dem Rivoli kam, saßen Marburgers da. Das waren die Nachbarn von schräg gegenüber. Es waren steife, feine Leute, denen selbst ihre Kinderlosigkeit noch zur Vornehmheit geraten war. Sie ganz groß, er ganz klein, beide trugen Sonntagsstaat, der immer etwas nach Mottenpulver roch, saßen steif aufgerichtet auf hohen Stühlen, rührten mit dem Silberlöffel im Kaffee herum und machten gelegentliche spitze Bemerkungen über die Nachbarn. Es fröstelte mich immer.

Herr Marburger war auch Amtmann, hatte auch von der Pike auf gedient, war also ganz eindeutig meines Vaters Kollege, aber da Herr Marburger nur im Landwirtschaftsministerium Amtmann war, fühlte sich meine Mutter den Marburgers immer etwas überlegen. Mein Vater begriff das nie ganz. Es gab manchmal des Abends, wenn Marburgers weg waren, darüber lange Debatten, in denen meine Mutter heftig darauf bestand, daß es ein Unterschied sei, ob man nur, wie Herr Marburger, Kühe und Wälder verwaltete oder, wie mein Vater, Kunst. In der Tat wirkte mein Vater jetzt schon bei der Verwaltung der Hochschule für Musik in der Hardenbergstraße mit und ließ sich von seiner Frau, die vielleicht einmal im Kloster hätte Sängerin werden können, darüber aufklären, daß uns das mit der Kunst einen ganz anderen Rang gab. So fein waren damals in Eichkamp die Unterschiede.

Manchmal kamen auch Stefans zu uns. Herr Stefan war freilich nur Oberinspektor und dies sogar nur bei der Post. Aber sein Ältester, Oskar, studierte damals schon Medizin. Das gab wiederum Stefans eine eigentümliche und hinterhältige Art von Überlegenheit, die sie durch gelegentliche Hinweise auf die Universität und die erregenden Sitten der Korporationen hämisch ausspielen konnten. Das verdutzte meine Eltern, machte sie eine Weile ratlos und gab ihnen wiederum ein Gefühl bedrückkender Unterlegenheit.

Man schrieb damals das Jahr 1931. Es gab mehr als vier Millionen Arbeitslose im Land, die Weltwirtschaftskrise schüttelte den Erdball, in Berlin lieferten sich die Kommunisten und die SA-Männer blutige Straßenschlachten, eines Tages waren die Banken gesperrt, und dazwischen rollten vom Romanischen Café bis zum Ullsteinhaus die hektischen zwanziger Jahre aus, der Expressionismus und der russische Film triumphierten in Berlin, aber meine Eltern merkten das alles nicht, die registrierten nur diese feinsten Rangunterschiede der Eichkamper Gesellschaft, machten mir klar, warum ich wohl mit Naumanns Kindern, aber nicht mit Lehmanns verkehren durfte. Lehmanns nämlich waren richtige Akademiker mit einem Doktortitel am Gartenzaun, und das wiederum war zu hoch für uns. Meine Eltern hatten einen klaren Sinn für oben und unten. Man mußte das fühlen. Die Leute von unten waren Pack und die von oben unerreichbar hoch.

Auch Familie Ernst von links gegenüber war unerreichbar, sie waren sogar Arzt, was ihnen eine mehrfache Überlegenheit gab. Meine Eltern fühlten sich durch ihren Gruß geehrt, hatten Respekt vor dem imponierenden Gesicht von Herrn Ernst, das einige Schmisse zierten, beobachteten nicht ohne Bewunderung deren großzügiges Leben, das sich durch gelegentliche Taxifahrten und abendliche Gartentürbeleuchtung von unserer Lebensart deutlich abhob. Und als sie eines Tages sogar ein Auto hatten, einen kleinen schwarzen Opel P4, war das – lange vor Hitler – eine kleine Revolution in Eichkamp, und meine Eltern schauten neidisch hinter den Gardinen zu, wie Familie Ernst am Sonntagnachmittag in dieses seltsame Vehikel kletterte und davonzog, wie von höheren Mächten gerufen. Dies waren deutliche Zeichen der Erwählung.

Und so ähnlich wie meine Eltern waren damals viele Eichkamper: diese Nissens und Wessels, Naumanns und Neumanns, diese Stefans und Schuhmanns, Lehmanns und Strübings. Sie waren alle aus kleinen Verhältnissen gekommen, hatten etwas Bescheidenes zustande gebracht, lebten immer in der Angst, wieder abzurutschen, wollten oben bleiben, waren nun wer und besaßen diesen untrüglichen Sinn für feinste Rangunterschiede. Sie waren unpolitisch und unerotisch, lasen den Lokal-Anzeiger, lösten am Sonntagabend Kreuzworträtsel, wählten stramm deutschnational, sprengten den Rasen und sahen auf Ordnung und Konvention. Hinter unserem Garten wohnten Blankenburgers. Eine Weile war ich mit ihrem Sohn Friedrich befreundet. Herr Blankenburger war Studienrat, und eines Tages durfte ich auch dort nicht mehr hin. Meine Eltern verboten es mir. Es war nicht wegen des Akademikers. Es war schlimmer. Marburgers hatten es bei einem ihrer Sonntagsbesuche wie nebenher fallenlassen: Herr Blankenburger war ein Roter – auch er. Er war Mitglied bei den Sozialdemokraten. Da sahen die alten Eichkamper rot. Das war im Sommer 32.

So kam das Reich Hitlers über Eichkamp eigentlich wie eine Himmelsmacht. Man hatte es nicht gerufen, man hatte es nicht bekämpft. Es war einfach da, wie eine Jahreszeit kommt. Die Zeit war reif. Alles war hier Natur, nichts Gesellschaft. Niemand hatte da mitgemacht, keiner war Nazi gewesen. Es kam aus dem fernen Berlin und stand nun wie eine Wolke über Eichkamp: hoch und schön gefiedert. Am wenigsten waren es vaterländische Motive bei uns. Von Deutschlands Niederlage 1918 und der Schande von Versailles habe ich in den Gesprächen meiner Eltern kaum etwas gehört. Die deutsche Schmach ist nie bis Eichkamp gedrungen, sie war wohl mehr in Potsdam zu Hause. Es war nicht das Negative deutscher Geschichte, was in Eichkamp rumorte. Man hatte nur immer Angst gehabt, wieder abzurutschen, und nun kam einer, der sie wie auf Flügeln immer höher tragen wollte. Das war es. Es war einfach zu schön.

Alles wurde nun so weit und groß und hoffnungsvoll. Der 1. Mai, der meinen Eltern wegen der Roten immer befremdlich war, wurde nun auch in Eichkamp ein freundlicher Festtag und erinnerte mit seinen vielen Fahnen und Gesängen an die ›Meistersinger von Nürnberg‹. Die Künstler der Staatsoper sammelten im November

Unter den Linden für das Winterhilfswerk, Sänger und Schauspieler zogen mit roten Klapperbüchsen durch die Straße. Meine Mutter kochte nicht ohne innere Anteilnahme das erste Eintopfgericht, und wir aßen an diesem Sonntag die klumpige Graupensuppe, mit dem Gefühl, etwas für die Volksgemeinschaft getan zu haben. Das war etwas ganz Neues für Eichkamp – Volksgemeinschaft. Dann kam der Blockleiter, holte die zwei Mark fünfzig ab, wir bekamen eine Plakette. Das war wieder etwas Neues. Dazu sang ein gutmütiger Bariton aus dem Radio, ich glaube, er hieß Willy Schneider und singt es noch heute: ›Warum ist es am Rhein so schön?‹ und ›Trink ein Gläschen Wein‹. Das war die neue Zeit bei uns: ein bißchen Größe und Gemütlichkeit. Es wurde damals viel in Deutschland gesungen. Die Jugend trug jetzt so adrette Uniformen, der Arbeitsdienst war eine gute Sache, die geschulterten Spaten leuchteten den Eichkampern ein, und es gab nun so viele Feiertage mit mächtigen Aufmärschen und Kundgebungen: Ein Zug von Größe ging damals durch unser Land.

Hitlers Einbruch in unser Haus – Im Eichkamp 35 – geschah wesentlich unter ästhetischen Kategorien. Das Schöne – das war es. Der Mann war doch ein Künstler, ein Baumeister und Maler, und hatte sich in seiner Wiener Jugend »innerlich durchgekämpft«, wie meine Mutter es nannte. Sie hatte dafür Verständnis, meinte es freilich mehr moralisch als politisch, sie hatte ja auch einmal Künstlerin werden wollen. Und nun baute er überall Opernhäuser und Kunsthallen, riß halb Berlin ab, plante alles im großen, richtete herrliche neue Ministerien ein, eine Reichskanzlei, die von außen wie ein griechischer Tempel aussah, zog saubere Straßen durchs Land: Meiner Mutter tat das physisch wohl. Sie trat damals in die NS-Kulturgemeinde ein; da konnte man verbilligt die ›Fledermaus‹ sehen und Elly Ney hören und Emmi Sonnemann sehen, die an der Seite ihres gewaltigen Gatten es

nun auch geschafft hatte. Alle Deutschen schafften es
jetzt. Und die Musik, die herrliche deutsche Musik, die
Kunst! Jetzt bekamen wir doch bestätigt, daß die Kunst
mehr als die Landwirtschaft war und ein Amtmann im
Kultusministerium höher als einer im Landwirtschaftsministerium. Die neue Zeit war eben »musisch« – das war
damals das Lieblingswort meiner Mutter.

Ich erinnere mich an unseren ersten Ferientag 1934. Ein
heißer Julimorgen, wir sitzen am Schlesischen Bahnhof
im Urlauberzug nach Hirschberg. Meine Mutter in ihrem
Großgeblümten, viel Koffer und Päckchen herum, das
Essen wird im Abteil ausgebreitet. Da kommt mein Vater
mit einer Morgenzeitung ins Abteil. Dicke Balkenüber-
schrift. Er liest. Sie sprechen miteinander, tuscheln mit
ernsten Gesichtern, zeigen peinlich betroffene Mienen.
Es wird von Sexualität gesprochen und noch was davor,
ich verstehe das nicht und höre, daß man »solche« doch
lieber vor ein ordentliches Gericht stellen soll. Nicht so
einfach im Bett erschießen. Die Prozedur mißfiel meinem
Vater. Das waren erste Wolken an unserem Urlauber-
himmel. Ich erinnere mich an den Morgen nach der
»Reichskristallnacht«. Die Tauentzienstraße ist übersät
mit zersplittertem Glas, sie haben die Schaufenster der
Juden eingeschlagen, und nun stehen SA-Männer mit
Schulterriemen daneben und beobachten die Passanten.
Man geht betreten und schweigend vorbei. Am Abend
erzählt mein Vater, daß Synagogen gebrannt hätten und
das »Pack«, er sagte wieder »Pack«, die jüdischen Schaufenster und Wohnungen plündere. Bedenkliche Mienen
zu Hause, stille Entrüstung: Ob das wohl der Führer
wußte? Meine Mutter hatte mit diesem Mann ihre priva-
ten Sorgen. Sie war ja katholisch, und das Konkordat
mußte sie tief befriedigen. Aber später kamen Hirtenbriefe, die von der Kanzel verlesen wurden und nachdenklich
stimmten. Man las jetzt in den Zeitungen so viel von den
Klöstern. Jeden Tag entdeckte die Polizei auf der Suche

nach Devisenverbrechern in den frommen Kutten böse Praktiken, es wurde von Knabenschändung gesprochen, ich verstand das noch immer nicht ganz, aber es erschreckte meine Mutter, daß ausgerechnet die Franziskaner, die sie so liebte, so lasterhaft sein sollten. Später kamen andere Hirtenbriefe, die sich ernst und besonnen zum völkischen Staat bekannten, aber dann auch auf Fälle von Euthanasie zu sprechen kamen, die zu verwerfen seien. Es war eine schwierige Lage für meine Mutter: Einerseits verehrte sie inbrünstig den Klerus, andererseits zog sie »das Musische« am neuen Reich so an. Es war der alte Konflikt zwischen dem Ethischen und dem Ästhetischen: Kierkegaards Einbruch in Eichkamp.

Aber solche nachdenklichen Stunden konnten nicht darüber hinwegtäuschen, daß wir in einer neuen und großen Zeit lebten. Das Reich und die Jugend, die Kunst und der Staat – erst jetzt sah man in Eichkamp, was das für Mächte waren. Alles war jetzt so feierlich: vor den Führerreden Beethovenkonzerte im Radio, nach Bayreuth ging der große Mann auch ganz bescheiden, nackte Jünglingsstatuen grüßten von Postämtern mit lodernden Fackeln in der Faust – griechischer Frühling in Deutschland. Freilich war nie ein Eichkamper in Griechenland gewesen. Man war gerade dabei, in Heerstraße das gewaltige Stadion für die Olympischen Spiele 1936 zu bauen, und ein Abglanz von Größe fiel selbst über Eichkamp: Da baute man direkt neben dem Bahnhof das größte Versammlungshaus der Welt, die riesige Decke ganz ohne tragende Säulen, und unser kleiner, verschlafener Bahnhof hieß jetzt »Deutschlandhalle« und hatte einen Ausgang nach rückwärts nur für die Besucher. Das hob auch uns wieder ein wenig.

Eigentlich stand so viel Größe in einem seltsamen, bizarren Gegensatz zu unserer kleinen Siedlung, aber wenn ich es so recht bedenke, so lag gerade darin die Faszination. Die Eichkamper waren diese Ausmaße nicht ge-

wohnt. Es machte sie waffenlos, willig und wundergläu-
big. Sie waren wie Kinder, waren einfach beglückt, zu
hören, wie groß es sei, ein Deutscher zu sein, zu sehen,
wie dieses Deutschland nun dauernd größer wurde. Und
das Reich wuchs ja nun täglich. Alles wurde immer besser, alles kam immer mehr nach oben, und da die Eichkamper eigentlich von unten kamen, ließen sie sich von
diesen Wogen der Erhebung gern noch ein Stückchen
höher tragen. Es ging ja noch immer weiter hinauf. Warum nicht? Herr Berger sagte: »Endlich kommen wir auch
einmal ran in der Weltgeschichte – das ist doch nur ge-
recht.« Herr Stefan sagte: »Jetzt bauen wir sogar Auto-
bahnen, damit unsere Post noch schneller wird.« Frau
Marburger sagte: »Wir werden ein Kind annehmen, wo
jetzt so viel deutsche Mütter Kinder kriegen.« Herr Schu-
mann sagte: »Und die Kolonien kriegen wir jetzt auch
zurück – das ist doch klar« und holte sich schon seinen
alten Südwester vom Speicher. Und Herr Nissen hoffte
sogar auf den Kaiser: »Die Hohenzollern, die kommen,
da ist schon jemand in Doorn gewesen. Ihr werdet es
sehen!«

Eines Tages, es war kurz nach dem Anschluß Öster-
reichs an das Reich, traf ich Frau Stefan auf der Straße.
Ich kam aus der Schule. Sie sagte: »Wie, du glaubst nicht,
daß uns der Führer von Gott gesandt wurde?« Ich wußte
gar nicht, daß Frau Stefan so fromm war und an Gott
geglaubt hatte. Ihr Mann war doch nur bei der Post. Aber
das hatte wohl auch erst Hitler nach Eichkamp gebracht:
das Wissen, daß es eine Vorsehung, eine ewige Gerechtigkeit und einen Herrgott gab. Man sprach jetzt auch in
Eichkamp viel von diesen unsichtbaren Mächten. Es war
eine fromme Zeit damals. Meine Mutter hatte sich ein
Führerwort ausgeschnitten, für das sie zwiespältige Bewunderung empfand. Sie wollte sich darüber gern mit
mir aussprechen. Der Mann hatte gesagt: »Indem ich
mich der Juden erwehre, kämpfe ich für das Werk des

Herrn!« So ähnlich ungefähr hatte es doch auch in der Kirche geheißen – nicht wahr? Über diesen Satz suchte sie immer eine Aussprache, erst bei dem Klerus, später bei mir. Sie versuchte, den Antisemitismus auf höherer, theologischer Ebene zu verstehen. Ich möchte sagen: Alles spielte sich damals – Herbst 38 – bei uns auf höherer Ebene ab. Hitler und Eichkamp waren damals ganz oben. Frömmigkeit lag über dem Land.

Ja, wenn ich mich recht erinnere: So ungefähr ist es damals bei uns gewesen. Ich weiß, es ist häßlich, solche Erinnerungen heute auszugraben. Es ist ein wenig peinlich und komisch, und niemand will es mehr wahrhaben, daß er auf eine so inbrünstige und kindische Weise da mitgemacht hat. Heute wimmelt es in unserem Land von Widerstandskämpfern, geheimen Beauftragten, Männern der inneren Emigration und klugen Füchsen, die nur scheinbar mittaten, um Schlimmeres zu verhüten. Das deutsche Volk, ein Volk von Widerstandskämpfern, das deutsche Volk, ein Volk von Verfolgten – ach, wenn damals nur nicht die SS und die Gestapo gewesen wären –, dieses Volk wäre doch gegen Hitler aufgestanden. Es konnte nur nicht.

Das sind die neuen Mythen unserer Zeit, die gängigen, freundlichen Lügen unserer Historiker, die uns alle so angenehm entlasten, neudeutsche Geschichtsklitterung, die alles so verständlich macht – brauner Terror über Deutschland, nur das eine nicht: warum die Deutschen diesen Mann liebten, warum sie ihm ehrlich zujubelten, warum sie für ihn starben, millionenfach. Seht euch doch die Soldatenfriedhöfe überall in der Welt an: Das waren doch nicht, wie in der DDR, Uniformierte, hinter denen wieder Uniformierte mit geschulterter Waffe standen. Das waren ehrlich Glaubende, Begeisterte, Berauschte, man drängte sich ja damals geradezu nach dem Heldentod. Man hatte immer nur Angst, bei all den Siegen zu spät zu kommen. Und wenn einer im Jahr 38 gegen Hitler die Hand zum tödlichen Schuß erhoben hätte, es hätte doch da keiner SS oder Gestapo bedurft, um ihn zu fassen. Das Volk selber hätte ihn als den Messiasmörder gerichtet. So war das.

Und doch – sie waren keine Nazis. Die richtigen Nazis waren wirklich aus dem Nichts gekommen, es waren höchstens fünf Prozent, die hatten nie etwas gelernt, konnten nichts, waren gescheiterte Existenzen und wären wirklich nach drei oder vier Monaten wieder »abgewirtschaftet« gewesen, wenn nicht all diese guten und braven Deutschen in Eichkamp ihnen ihre Kraft, ihren Fleiß, ihren Glauben und ihr Geschick blind zur Verfügung gestellt hätten. Sie waren so langsam aus ihrem kleinbürgerlichen Traum hineingeschlittert in die Zeit der Größe, fühlten sich nun ganz wohl, waren mächtig stolz, was der Mann aus ihnen gemacht hatte. Sie begriffen nie, daß sie, sie alle zusammen, diesen Mann erst gemacht hatten. Ohne sie wäre er doch nie aus dem Hinterzimmer des Hofbräuhauses herausgekommen. Bis zum Schluß meinten sie immer, alles Hitler verdanken zu müssen: die Zeit der Größe und die Zeit des Sterbens.

Auch meine Eltern glaubten das bis zum Schluß. Oktober 44. Es war die Sache mit dem Olivenöl aus Italien, eine häusliche Fatalität, die mit dem Desaster der Geschichte mehr zufällig zusammenfiel. Ich kam von der Front, hatte meine Eltern vier Jahre nicht gesehen. Sie waren furchtbar alt geworden, hatten vier Kriegsjahre in Eichkamp nur von Marken gelebt und zeigten nun erschöpfte, rationierte Gesichter. Sie wirkten wie Süchtige, denen man plötzlich ihr Morphium genommen hatte: zittrig und zusammengefallen. Meine Mutter, die sich während der großen Jahre die Haare schön schwarz gefärbt hatte, war nun schlohweiß und richtig fromm geworden – ich ahnte schon damals, daß es mit der Kirche nach Hitler in unserem Land einen großen Aufschwung nehmen mußte. Es war da so viel enttäuschte Gläubigkeit. Und mein Vater, der diese gläubigen Höhen nie begriffen hatte, begriff nun überhaupt nichts mehr, war ratlos, schüttelte nur immer den Kopf, sein Hals steckte merkwürdig dürr und ledern in dem weiten Kragen, und er jammerte nur immer leise: »Die Kerle, die Verbrecher, was haben die nur mit uns gemacht! Man wird uns alle nach dem Krieg nach Rußland schleppen, das ist doch klar.« Er brauchte sich eigentlich gar keine Vorwürfe zu machen. Er war nie in die Partei eingetreten. Er würde einen glänzenden Fragebogen bekommen: blütenweiß.

S-Bahnhof Eichkamp, 30. Oktober 44. Die Russen in Schlesien, die Amerikaner in den Ardennen. Mein Urlaub zu Ende. Sie bringen mich zum Zug. Es zieht auf dem kalten, leeren Bahnsteig. Sie stehen in ihren schwarzen Mänteln da, die viel zu weit und lang um ihre mageren Körper schlottern. Schwäche, Hunger, Angst im Gesicht. Irgendeine Liebe geistert ziellos durch ihre Augen. Müdigkeit zwischen den Falten, sterbendes Kleinbürgertum, das sich noch einmal belügt. Familiäre Gespräche – du bleibst uns doch, verlegenes Lachen, besorgte Sprüche meiner Mutter, wie ich mich an der Front verhalten solle: immer warm anziehen, nie zu weit nach vorn gehen, immer nur tun, was die anderen auch tun. Versicherungen, man werde sich bald glücklich wiedersehen. Der Zug fährt ein. Ich ergreife mein Gepäck. Ich bin fünfundzwanzig, sie fast sechzig. Ich fühle mich stark, sie wirken wie Greise in ihrer zittrigen Hilflosigkeit. Familiäre Umarmung, die peinlich ist. Ich steige in die S-Bahn, schließe die Tür zu. Gehe zum Fenster. Öffne es, lehne mich hinaus.

Da draußen stehen sie also, die dich zur Welt brachten: Eichkamper Eltern. Sie wirken ein wenig komisch in ihrer Hilflosigkeit, man könnte fast lachen, aber mir ist mehr zum Weinen. Jetzt winken sie mit den Taschentüchern, sie werden immer kleiner, jetzt sehen sie fast schon wie Philemon und Baucis aus. Ich weiß, ich werde sie nie wiedersehen. Nie. Das ist das Ende, ihr Tod. Die Russen werden kommen, ihr Sohn ist weg. Du bist doch unser Einziger. Du bleibst uns doch. Du bist unser Letztes. Sie haben uns alles genommen, mein Gott. Du bist unsere Hoffnung, daran klammern sie sich. Wieder eine Illusion, sie haben immer von Illusionen gelebt.

Es wird so werden: Sie werden krank werden, allein irgendwo liegen, die Russen dazwischen, allein irgendwo sterben. Die Beerdigung wird schändlich sein. Es gibt jetzt so viel Tote hier in Berlin. Der Selbstmord geht um. Es gibt jetzt kaum noch Särge mehr. Auch dies Holz ist knapp geworden. Man wird euch in Tüten stecken, ja-wohl, wie Gemüse in Tüten, das habt ihr von eurem Hitler. Und irgendwo am Wannsee verscharren.

Aber noch sind sie jetzt da. Es sind jetzt winzige schwarze Punkte, die sich noch immer an mich klam-mern, nicht loslassen wollen – meine Eltern. Sie hören nicht auf zu winken: Nicht wahr, du verläßt uns nicht?

Ich bin längst verschwunden, werfe mich mit würgen-der Kehle auf die gelbpolierte Holzbank, die Gasmasken-trommel kracht. Ich denke: Gott sei Dank, das ist aus. Die siehst du nie wieder. Das hast du hinter dir. Nie wieder gehst du nach Eichkamp zurück – nie mehr.

Ein Requiem für Ursula

Ich bin lange mit der S-Bahn gefahren. Von Eichkamp bis Priesterweg ist es fast eine Dreiviertelstunde. Danach wird es frei und leer. Die Stadt löst sich auf. Die Luft ist feucht und diesig, Signale stehen naß im Nebel. Vergessene Namen der Kindheit fliegen am Fenster vorbei: Gesundbrunnen, Papestraße, Lichtenrade, Gleisdreieck, Mariendorf – unerforschte Reviere, damals und heute. Berlin ist sehr östlich. Die Menschen in Berlin heißen Labude und Kabuschke und wurden im Spreewald, in der Lausitz, in Schlesien geboren. Ich merke das erst, seit ich aus dem Westen komme. Sie haben bleiche, verschaffte Gesichter mit wendischen Backenknochen und schmalen Lippen, die farblos sind. Und wenn sie einem hier in der S-Bahn gegenübersitzen: in etwas zu weit geschnittenen Hosen, in etwas zu langen Mänteln und manche Frauen mit Tüchern um den Kopf, und wenn es um drei schon wieder dunkel wird – wer sagt mir dann in der Dämmerung kurz hinter Papestraße, daß ich nicht auf Kattowitz, nicht auf Posen, nicht auf Wilna zufahre? Berlin ist sehr östlich.

Am Bahnhof Priesterweg steigt niemand mehr aus. Mechanische Bewegungen. Der Bahnsteig ist hoch und schmal und zugig, und alles Eiserne wirkt wie verrostet. Es riecht nach November. Der Blick geht frei über feuchte Felder: Schrebergärten mit Dachpappelauben, Bierflaschen liegen da noch vom Sommer, Spaten, Blechbüchsen und rotbraune Blumentöpfe. Ein Wasserturm steht gebieterisch wie ein Betonpilz zwischen den Gärten, danach eine Kohlenhandlung. Treppen, Gänge, Tunnel – warum sind Bahnunterführungen in Berlin immer so kahl, so hoch und so zugig? Ich höre meine Schritte an den Wänden hallen. Irgendwo pfeift eine Lokomotive, und Signale fallen mir über dem Kopf. Ein kleines Lasttaxi rattert dreirädrig vorbei. Altmodische Möbel stehen darauf, die vielleicht einem Rentner gehören, der jetzt nach Südende umziehen will. Und dann immer kurz vor den Friedhöfen diese Gärtnereien mit Totenblumen und eisernen Kränzen am Zaun: Kioske der frommen Vergänglichkeit. »Trauerschmuck jeglicher Art«, lese ich. Dann die Geschäfte der Steinmetzen, wo mächtige Palmwedel in Marmor geschlagen werden und blanke Steine auf Namen warten. Manchmal auch ein Sarggeschäft. Da steht Holzgeschnitztes, braunpoliert, aufgeklappt im Fenster und lädt zu prunkvollem Ende ein.

Ich habe es lange versäumt. Seit Jahren schon hätte ich hierher gemußt. Der Weg von Frankfurt nach Südende ist weit. Wer nach Berlin kommt, findet rasch zum Zoo, findet rasch zum Hansaviertel und zum Messedamm – um Friedhöfe geht man immer herum. Ich bin seit drei Jahren nicht mehr hier gewesen, etwas wie Sorge und schlechtes Gewissen ist in mir. Es gibt Pflichten, die unerläßlich sind. Auch wer im Leben nicht zueinanderfand – im Tod ist man seltsam verbündet. Man sagt: Die Gräber mahnen. Aber vielleicht ist es nur so: Gräber sind zäh wie Narben, sie rühren uralte Geschichten auf. Wie alte Leute erzählen sie immer dasselbe: monoton, langweilig, anklagend; niemand will das hören. Die Sprache der Gräber ist wie die Sprache der Rentner: So war es, nie wieder wird es so sein, das war das Leben.

Der Letzte muß diese Sprache lernen. Auf dem Letzten ruht immer das Ganze. Die ganze Last der Erinnerung ruht auf ihm. Ich trage die Last von fünf Menschen in mir, die einmal lebten. Ich kannte sie kaum, aber nun leben sie in mir und werden erst mit mir sterben. Man nennt das Familie, Eichkamper Familie – das ist lange her. In mir läuft das alles zusammen, und wenn ich ein ordentlicher Mensch wäre, so zöge ich ganz nach Berlin, um regelmäßig am Bußtag, am Totensonntag, am Karfreitag und so vor ihren Gräbern zu stehen. Der Letzte ist immer so etwas wie ein Friedhofsverwalter. Sein Leben ist nur Erinnern und frommes Bewahren. Ich mag das nicht, ich will das nicht. Wenn ich nach Berlin komme, so suche ich noch das Leben. Ich wandere zum Zoo und zur Hardenbergstraße, ich fahre nach Moabit und schmecke die Gerüche von Spandau und Halensee, die feinen Unterschiede zwischen Schöneberg und Charlottenburg. Und überall erwarte ich noch etwas Wunderbares. So kam es, daß ich drei Jahre nicht hier war, hier auf dem Mathias-Friedhof in Südende.

Roter Klinkerbau aus den achtziger Jahren, wilhelminische Strenge, preußische Luft in den Gängen, Papptafeln an den Wänden: Friedhofsordnung, Besuchszeiten, Beschlüsse des Magistrats und der Gemeinde – die Kirche, ein kommunales Bestattungsinstitut. Ein kleines, ausgemergeltes Männchen hockt hinter einer Holzbarriere und blättert in schweren Büchern. Er blättert die Jahrgänge der Toten um, als wären sie lebend, geheime Truppen, die er verwaltet, die für ihn draußen auf dem Acker da sind, so da wie Truppen auf einer Schreibstube. Und ich sage: »Ja, sie hieß Ursula K. Sie wurde achtunddreißig, Anfang April hier beerdigt. Ich habe sie oft hier besucht. Es war meine Schwester.« Der Friedhofsverwalter ist sehr bemüht. Wie immer in Preußen ist hier alles erfaßt und geordnet, und eigentlich sollte es nur weniger Handgriffe bedürfen, um jeden Toten sofort zu finden. Ich wollte nur ihre Grabnummer wissen, weil man sich unter Gräbern immer so leicht verirrt. Die Toten sind sich sehr ähnlich, und nichts ist fataler, als plötzlich vor einem falschen Grab zu trauern. Aber die Aktion scheint schwierig. »Achtunddreißig?« fragt der Alte, »April achtunddreißig?« Und beginnt neue Bücher vom Regal zu holen, macht den Zeigefinger auf einem grünen Schwämmchen naß und blättert wieder in seinem vergilbten Totenwald.

Es knistert im Raum. Das gelbe Papier knistert wie

Pergament beim Umlegen, und auch aus dem kleinen Kanonenofen ist knisterndes Feuer zu hören. Es ist warm im Raum, östlich überheizt, in Berlin nehmen sie das Heizen schon wichtig, denke ich, wie in Wilna und Leningrad heizen sie hier mit großer Entschlossenheit wütend gegen den Winter an, und ich beginne, den Mantel und die Jacke aufzuknöpfen. »Ich gehe«, sage ich, »ich werde es schon finden – ich war schon oft hier.« Aber der kleine Verwalter hat sich jetzt in die Sache festgebissen, er wittert einen Fall, er hat eine ernste fiskalische Aufgabe übernommen, und was nicht in seinen Akten ist – wie könnte das draußen auf dem Acker sein? Das Ganze geht so eine gute Viertelstunde, alle möglichen Register und Karteien werden durchsucht, dicke Folianten aus Vorkriegsjahren befragt. Es scheint der groteske Fall, daß ein Toter in Preußens Verwaltung verlorenging, so etwas hat sich in Berlin nie ereignet. Da sieht mich der Alte plötzlich mit einem lichtvollen Blick an, tippt sich selber triumphierend an die Stirn und fragt blitzschnell: »Sagten Sie April achtunddreißig, sagten Sie Ursula K.? Natürlich«, sagt er, »die Reihengräber im Abschnitt S«, greift nach einem anderen Buch im Querformat, blättert neugierig in der Totenkladde, zieht Listen zu Rate und strahlt plötzlich über das ganze Gesicht. Schöne Verwalter-Freuden. »Wir haben's!« ruft er, schnellt vom Büroschemel auf und schleppt mir eifrig alles an. Er ist ganz glücklich und sagt, indem er mit dem Bleistift eine Liste herunterfährt, in triumphierendem Ton: »Die gibt's nicht mehr, die ist weg, ich meine: die Grabstelle. Wir haben sie voriges Jahr eingeebnet!«

Und ich erfahre zu meinem Erstaunen, daß Gräber wie Menschen sterben können, daß es einem passieren kann: du kommst nach Hause, und die Frau ist tot, genauso kann es einem passieren, daß man nach Jahren an ein Grab kommt, und das Grab ist weg, das Grab selber ist gestorben, und nichts mehr ist da, einfach nichts. Ich

erfahre zu meinem Erschrecken, daß vor zwei Jahren die
fünfundzwanzigjährige Liegefrist abgelaufen sei. Mehr
als ein Jahr hätte da draußen im Flur ein Zettel gehangen,
mehr als ein Jahr hätte man die Angehörigen, die man
anders nicht erreichen konnte, warnen wollen, die Stelle
neu zu kaufen, sonst würde man sie löschen und mit
einem anderen Toten belegen. Die Erde ist knapp. Und
niemand sei gekommen, das ganze Jahr durch, niemand
wollte das Grab erneuern, und so habe man in diesem
Januar – »Warten Sie«, sagt der Alte, »ich kann es genau
sagen, wenn es Sie interessiert: Es liegt jetzt eine Franzis-
ka Busch da, wo damals Ihre werte Frau Schwester lag.«

Meine werte Frau Schwester – einen Augenblick über-
fällt mich Angst und Erstarrung, Schuld kommt empor,
lähmende Angst vor dem Nichts, das nun ist: Sie ist weg,
das ist doch nicht möglich, das kann doch nicht sein, ich
bin immer zum Zoo und zur Hardenbergstraße gegangen,
habe im Schillertheater gesessen und beim Kempinski
gegessen, während man hier nach mir fahndete. Einfach
so eingeebnet, einfach was anderes draufgelegt, daß so
etwas erlaubt ist, man kann uns doch nicht auch noch die
Toten wegnehmen. Ich dachte immer: Das Grab, das hat
Zeit, das läuft dir nicht weg. Nun soll es plötzlich nicht
mehr existieren, meine Schwester ist weggewischt aus der
Welt, und richtig gesehen, habe ich sie getötet. Das also
ist Schuld, jetzt spürst du sie einmal. Ich habe ihr Grab
vernichtet, natürlich, uraltes Tabu wie Inzest oder Mut-
termord. Uralte Schuld, jetzt wird sie wach. Nichts ist
von ihr mehr da – nun lebt sie nur noch in mir. In mir
läuft das alles zusammen. Der Letzte trägt immer die
ganze Last des Erinnerns. Wenn ich mich jetzt nicht erinnere, so wird sie für immer tot sein. Ich werde mich also
erinnern müssen.

Die Ostmark war eben ins Reich heimgekehrt. Es lag
noch großdeutscher Jubel in Eichkamps Luft – viel Wie-

ner Dank. Der Weltgeist ging damals durch unser Land, Geschichte geschah vor der Tür: Unsere Haustür war grün gestrichen, war aus Kiefernholz und hatte eben ihr erstes Sicherheitsschloß mit Kette bekommen – der Einbrecher wegen.

Es war März 38. Deutschlands Dinge standen damals sehr gut, aber wir gehörten nicht zu denen, die sich in solcher Zeit gern nach vorn drängen. Es sind doch immer dieselben und, wie man weiß, nicht die Besten. Lärm lag uns nicht. Großdeutschlands Jubel endete in vielen Bürgerhäusern besinnlich, großdeutscher Schrei ging in Eichkamp leise in Treue über. Wir müssen wohl damals so etwas wie eine anständige deutsche Familie gewesen sein, eine von vielen Millionen, die am jähen Aufstieg unseres Volkes dankbar und fleißig teilnahmen.

Der Abend war verlaufen wie Sonntagabende bei uns immer. Man hatte Abendbrot gegessen: Wurststullen und Käsebrot, Bier dazu, zwei hohe schmale Flaschen Schultheiß-Patzenhofer. Man hatte Radio gehört, in der Unterhaltungsbeilage des ›Lokal-Anzeigers‹ geblättert, war auf ein Kreuzworträtsel gestoßen. Es gab da immer einen Nebenfluß der Werra oder den Helden einer Wagneroper mit fünf Buchstaben und hinten mit T, das wollte erkundet sein. Meine Mutter stickte gern an etwas Geblümtem. Mein Vater blätterte in Akten und blies sich blaue Rauchwolken um den Kopf. So gegen neun Uhr pflegte dann meine Mutter, mit einigen Büchern und Medikamenten versehen, sich nach oben ins Schlafzimmer zurückzuziehen. Sie las neuerdings gern: las Coué und Brauchle, las Steiner und Kaplan Fahsel und beschäftigte sich sehr ernsthaft mit den Vorzügen des Vegetarismus. Es ging damals die Kunde, daß auch der große Mann in der Reichskanzlei seine wunderbaren Erfolge nicht ganz ohne Fleischverzicht zustande bringen könnte. Das Genie aß vegetarisch. Hier schienen geheimnisvolle Zusammenhänge zu bestehen. Meine Mutter wollte sie immer ergründen.

Um zehn Uhr hörte mein Vater noch den Nachrichtendienst ab. Es gab Meldungen aus aller Welt, Glückwünsche, Gratulationen und viele Bekundungen der Treue – nicht nur aus Deutschland. Zweiundzwanzig Uhr zehn ging mein Vater dann schlafen. Ich war längst in meinem Zimmer, lag im Bett, hörte, wie er unten durch den Flur schlurfte, in den Keller stieg, wo Wasser und Gas abzustellen waren. Meine Mutter bestand immer darauf, daß der Haupthahn der Gasleitung im Keller fest zu verriegeln und der Schlüssel ihr auf den Nachttisch zu legen sei. Da lag dann der große, etwas angerostete Vierkanter hart neben den Predigten des Kaplans Fahsel, und beides gab uns ein seltsames Gefühl der Sicherheit. Ich hörte meinen Vater die Treppe hochkommen, hörte, wie er die Schlafzimmertür zweimal von innen verschloß, hörte einsilbige Gespräche meiner Eltern, hörte, wie mein Vater den Schrank aufschloß und die hohen Stiefel fallen ließ, und hörte das Bett knarren. Ich lag neben meinem buntgewirkten Wandteppich, einem falschen Perser von Wertheim, der mir zu wunderbaren Phantasien Anlaß gab. Ich versuchte immer, den verschlungenen Labyrinthen nachzugehen, die verzwickten Wege zwischen Rot und Schwarz, die Geheimnisse des Orients aufzuklären. Darüber fiel ich in Schlaf. Traumhafte Figuren folgten mir nach. Eichkamp begann jetzt zu schlafen und tief zu atmen. Ganz Eichkamp träumte ruhig und tief der deutschen Zukunft entgegen.

Am nächsten Morgen erwachte ich durch einen Schrei. Ich hörte Schläge, Kiefernholz splittern, mein Wecker zeigte halb neun. Alles war in wilder Aufregung, war entsetzt, wie wenn ein Beamter auf unbegreifliche Weise eine halbe Stunde verschlafen hätte. Ich stürzte im Schlafanzug auf den Flur, hatte nackte Füße, die mir mein Vater der Erkältungen wegen immer verbot, aber niemanden interessierte das jetzt: Da war ihre Tür aufgebrochen, das Schloß steckte noch mit zerborstenem Holz im Rahmen, das Holz war fasrig und gelb, und die Tür baumelte merkwürdig schief in den Angeln. Ihr Fenster war aufgerissen, draußen lag mildes Frühlingslicht, und da lag Ursula im Bett – es war mir, wie wenn ich sie zum erstenmal sähe. Sie lag starr und weiß auf den Kissen, ihre Hände waren wie zum Gebet gefaltet, ihre braunen Haare fielen weich über das Kopfkissen, sie lag schön und anmutig wie eine Madonna aus dem Warenhaus da, und von ihrem linken Mundwinkel zog sich ein dunkelrotes, fast schwarzes Rinnsal quer über die weiße Haut auf das Kissen nieder und bildete dort auf dem frischen Leinen einen großen, blutigen Fleck.

Es war mir, wie wenn ich das alles kennen würde. Es war fast wie in einer Puccini-Oper, vierter Akt, Mimis Tod, mein Gott, wie oft hatten wir das im Deutschen Opernhaus unter Arthur Rother, unter Leopold Ludwig, unter Schmidt-Isserstedt gesehen: Da standen rote Tanzschuhe umgeworfen, und ein weißes Ballkleid war über einen Stuhl gelegt, und verschiedenes Unterzeug, zart und rosa, lag mädchenhaft über den Fußboden verstreut, und neben einem Wäschestück lag eine gelbe Glasrolle, die ich aufhob und die mich erschreckte. Die Aufschrift war von zwei mächtigen Totenköpfen links und rechts flankiert, wie ich sie bisher nur auf den Schirmmützen der SS gesehen hatte. Ein Schädel starrte einen mit schwarzen Augenhöhlen drohend an, und dahinter waren zwei Beinknochen gekreuzt, und daneben stand mit zwei Ausrufungszeichen: »Achtung, Gift!!«, und ich las das Wort Sublimat, das mir gar nichts sagte.

Ursula war nicht tot. Sie weinte. Es kam ein leises, unterdrücktes Wimmern aus den zusammengepreßten Lippen, und als sie den Mund einmal zu öffnen versuchte, schoß schwarzes Blut heraus und bildete einen dicken

Klumpen auf dem weißen Kissen. Sie schloß den Mund gleich wieder.

Ich stand da und spürte ein seltsames Gefühl der Ruhe und Zustimmung; Klarheit war in mir. Ich war neunzehn, bereitete mich eben auf das Abitur vor, wußte, wie alle Neunzehnjährigen, viel mehr als meine Eltern, hatte über Homer und Sokrates einiges gehört, hatte in der Schule die Großtaten der Germanen und das Loblied des Tacitus gelernt, und alles das gab mir nun eine überraschende Überlegenheit im Begreifen. Ich begriff die Situation blitzschnell und dachte: Natürlich, das gibt es. Warum soll man sich denn nicht töten? So etwas liegt immer in der Luft. Ich verstehe dich, du brauchst mir kein Wort zu sagen, schließe den Mund nur fest zu, das Blut kommt sonst, und es wird dann wie in einer Puccini-Oper. Fang bitte nicht an mit diesen Arien des Selbstmitleides, ich kann sie nicht hören, die Mutter hat sie so oft am Klavier im Herrenzimmer intoniert: Verdis ›Othello‹ im vierten Akt, ›La Traviata‹ im vierten Akt, ›Aidas‹ Schlußduett: Nun hat der Fels sich fest verschlossen. Wir kennen das doch in diesem Haus. Hier stirbt man immer im vierten Akt, das verlangt unsere Eichkamper Dramaturgie.

Keiner brachte ein vernünftiges Wort hervor. Meine Mutter schrie von Zeit zu Zeit und stieß gellende Laute der Verzweiflung aus, und mein Vater lief hilflos und aufgeregt in dem winzigen Zimmer herum und erklärte kategorisch, das habe sie ihm, ihm allein angetan. Das sei ein Attentat gegen ihn. Er hatte gewiß nie Freud gelesen, wußte gar nicht, was der Ödipuskomplex sei, hatte auch von Elektra nie etwas gehört und bezog doch die Sache sehr richtig direkt auf sich. Es war eine Art Urerschrecken und Urerinnern in uns, eine seltsame Stunde der Wahrheit mitten im Rausch der heimkehrenden Ostmark, und ich dachte: Du liegst da wie eine Madonna aus dem Warenhaus, aber du bist wie ein Mann, du hast Mut gezeigt. Ich beneide dich, Ursula; du bist aus dieser deutschen Oper, die wir so oft in Charlottenburg unter Arthur Rother sahen, ausgestiegen. Die Requisiten des vierten Aktes liegen wild zerstreut, die Chargenspieler singen jetzt die notwendigen Arien des Schreckens, und der Chor wird gleich moralisch Bilanz ziehen: So ist das, das ist die Welt, das war ihr Leben, so steht es überall geschrieben. Der Letzte muß diese Sprache langsam erlernen.

Plötzlich war etwas wie Liebe in mir. Daß du das getan hast, macht mich dir nahe. Du warst meine Schwester, es ist nicht zu leugnen, aber haben wir das je bemerkt? Verwandtschaft ist eine seltsame Sache. Das Blut in uns bleibt immer in uns und kann uns nicht binden. Nur wenn es heraustritt aus uns, Ursula, bindet es uns. Dein Blut ist mein Blut, in dieser Sekunde wirst du mir Schwester. Wir sind nur immer nebeneinanderher gelaufen, ins Rivoli, zum Zoo, zum Grunewald, zur Deutschen Oper. Ich wußte nicht, was in dir war. Und was wußtest du von mir? Wir gingen wie Puppen an hohen Fäden nebeneinander, wir kannten uns nicht – wie soll sich Familie kennen? Familie ist Kälte, ist Fremdheit, ist Eis, niemand kann zu dem anderen. Familiäre Worte sind Formeln und familiäre Gespräche erstarrte Mißverständnisse: ja und nein und bitte und danke und was willst du, was meinst du, was hast du gesagt, ja bitte, ich komme schon, nun gib schon, was ist denn, du kommst gleich, nun warte doch, wir sind doch da, und wie mag es zu Hause sein? Das haben wir oft miteinander gewechselt, Formeln im Haus, und blieben doch taub. Erst jetzt verstehe ich dich. Du bist meine Schwester. Im Tod sind wir seltsam vereint.

Dieser Montagmorgen im März 38 wurde von einer wunderbaren und sozusagen musikalischen Bewegtheit bei uns; nie habe ich mich in Eichkamp so zu Hause gefühlt wie damals, als Ursula starb. Ein Damm war gebrochen, ein Mauerwerk eingestürzt, und mit einemmal kehrte Leben bei uns ein, herrliches, wildes Leben, wunderbare Unruhe, und nichts klappte mehr. Das Chaos kam hoch. Bei uns war immer alles wie von selbst gegangen, alles funktionierte wie am Schnürchen: das Schlafen, das Wekken, das Aufstehen, das Frühstück, die Schulmappe und der Gang zum Bahnhof Eichkamp – in der Tasche trug ich immer die gelbe Monatskarte. So war das gegangen mein ganzes Leben hindurch. Ich hatte immer Sehnsucht nach etwas Außerordentlichem und Wunderbarem: ein Sommertag am Teufelssee und viele nackte Männer und so viel Traurigkeit in mir – es muß wohl das Leben gewesen sein, das ich suchte, und jetzt war es plötzlich da. Sein Name hieß Chaos.

Meine Eltern waren solcher Heimsuchung nicht gewachsen. Sie liefen verzweifelt und ratlos herum, stiegen die Treppen atemlos hinauf und stiegen sie, Unverständliches vor sich hin murmelnd, wieder hinunter, rissen die Fenster auf und verschlossen sie wieder, zogen die Vorhänge vor und rissen sie nebenan wieder auf. Meine Mutter sank manchmal erschöpft zusammen und ließ sich in ihren Klubsessel fallen. Sie klagte laut, begann dann leise zu weinen, das Weinen ging später in Beten über. Man hörte aus dem Herrenzimmer ein flehendes Vaterunser und ein höher und schneller angesetztes Gegrüßt-seist-du-Maria. Mein Vater, der solchen höheren Umgang nie erreicht hatte, mußte inzwischen das Schlüsselbund suchen, das in der Aufregung verlegt worden war. Und sie beide standen natürlich vor einem Rätsel, es war viel schlimmer und unbegreiflicher als sieben Jahre später, als wir wieder heimgesucht wurden: als englische Bomber wieder in einem März, März 45, unser Haus mit einem sanften Luftdruck für immer in Trümmer legten – es muß wohl so etwas wie ein Vorbeben im kleinsten Kreis gewesen sein, eine intime Schwingung der Weltgeschichte. Als die Sache politisch offenbar wurde, war sie beinah schon wieder verständlich. Im kleinsten Kreis ist's uneinsichtig. Familie ist rätselhaft.

Meine Eltern beklagten ihr Schicksal, das eine so unselige Wendung genommen hatte. Sie sprachen vom Schoß der Familie und vom Undank der Kinder und zählten ihre guten Taten im Weltkrieg, in der Inflation, in der Weltwirtschaftskrise auf. Immer sei Milch dagewesen, auch 23, und all die Schulbücher, die man gekauft, und das viele Geld für die Waldschule und all die Last der Erziehung, immer sei alles gutgegangen, überall ginge es jetzt aufwärts – und dies dann als Dank: einfach das Leben so fortwerfen, so, als sei es rein nichts. Sie waren sich darüber einig, daß Ursulas Wille, nicht mehr zu leben, ein Akt außerordentlicher Undankbarkeit sei, eine Auflehnung gegen die Ordnung Gottes, wie meine Mutter meinte, eine Auflehnung gegen die staatliche Ordnung, wie mein Vater meinte, und in beidem ein Akt sündhafter Undankbarkeit gegen sie und im Grunde nur gegen die Eltern gerichtet. Kinder schulden ihren Eltern immerwährende, untilgbare Dankbarkeit, und Kinder, die sich töten, töten eigentlich ihre Eltern, so erfuhr ich, und mir schien an dieser letzten Schlußfolgerung einiges wahr zu sein.

An diesem Montagmorgen konnten meine Eltern wirklich von Glück sagen, daß sie mich hatten. In ihrer Verzweiflung hätten sie Ursula den ganzen Tag liegengelassen, sie waren so intensiv mit ihrem Unglück beschäftigt, daß sie für Hilfsdienste nicht in Betracht kamen. Also mußte ich die Sache in die Hand nehmen. Ich fühlte nur Kälte und Klarheit in mir. Ich war neunzehn und handelte doch besonnen wie einer mit Fünfzig; mein Kopf war ganz nüchtern. Ich stand auf dem festen Boden der Wahrheit, die plötzlich bei uns eingezogen war, und ich sagte mir: Jetzt mußt du das Telefonbuch nehmen, mußt unter Unfall oder Krankenhaus blättern, mußt den Hörer nehmen, mußt etwas von Unfall sagen und einen Wagen herbeirufen. Man muß sie gleich holen, vielleicht ist sie noch zu retten. Du mußt dich endlich einmal um deine Schwester kümmern – jetzt kannst du es zum ersten Mal.

Natürlich mußte die ganze Sache vertuscht werden. Als der Unfallwagen klingelte und die Männer mit dem roten Kreuz und der langen Stoffbahre unsere steilen Treppen polternd emporkletterten, eilte meine Mutter auf die Straße, wo sich um den Wagen mit dem roten Kreuz Menschen gesammelt hatten.

Nach Eichkamp kamen solche Wagen der Unfallstation nur selten. Man konnte sicher sein, daß Außerordentliches im Spiel sei. Einmal, 29, im Lärchenweg, ich war da wohl neun oder zehn Jahre alt, hatte sich ein ältliches Mädchen vergiftet. Es mußte wohl Gas gewesen sein, denn die Feuerwehrleute kletterten mit einem gewaltigen Aufgebot an Leitern von außen die Wände hoch, turnten umständlich auf dem Dach herum und stiegen von dort in irgendwelche Luken ein. Ich begriff diese Umstände nicht, denn von außen war nichts zu sehen, alles sah aus wie immer. Seitdem fürchtete meine Mutter das Gas, die Sache mit dem Vierkantschlüssel aus dem Keller hatte damals begonnen. Einmal hatte sich ein Ehepaar mit Schlafmitteln umgebracht, das war 34. Es hieß, es seien Juden gewesen, und so etwas Schreckliches schien eben zu Juden zu passen. Einmal hatte ein Dienstmädchen aus dem Kiefernweg ihr uneheliches Kind mit einem Handtuch erwürgt. Die Nachricht ging wie eine attische Schreckensbotschaft blitzschnell durch unsere kleine Siedlung und bestätigte uns auf unwiderlegbare Weise die vollkommene Verworfenheit der niederen Stände. Meine Mutter entließ damals auch unser Dienstmädchen, weil sie Gefahr für uns Kinder sah. Sie sagte immer: Die sind alle gleich, ein Pack wie das andere. Die sind doch alle von Gott gezeichnet.

Ja – und nun waren wir an der Reihe. Jetzt stand der

Unfallwagen vor unserem Haus Im Eichkamp 35. Es war Frühling 38, alles war noch intakt, sah freundlich und einladend aus, die Hauswände waren mit wildem Wein bewachsen, und Stiefmütterchen begannen schon im Vorgarten zu grünen, und während die Männer oben meine wimmernde Schwester umbetteten, erklärte meine Mutter unten den Leuten auf der Straße, daß es sich um eine Blinddarmsache handle, um einen Fall von akuter und schwerer Blinddarmvereiterung bei ihrer Tochter. Das leuchtete ein, und dann lief sie hinauf und wischte zum erstenmal ihrer Tochter sorgfältig das Blut aus dem Gesicht, denn natürlich war auch den Eichkampern bekannt, daß Blinddarmentzündungen gewöhnlich nicht aus dem Munde bluten.

Dann fuhr der Wagen weg. Niemand durfte mit. Die Sanitäter hatten die Situation sofort begriffen, witterten möglicherweise sogar etwas Verbotenes, sagten, es müsse alles so liegenbleiben, sie könnten auch nicht umhin, der Polizei Nachricht zu geben. Unsere grüne Haustür aus Kiefernholz klappte zu, das neue Sicherheitsschloß schnappte hörbar ein, und ich saß mit meinen Eltern plötzlich wie in einer Mausefalle. Eichkamper Gefangenschaft: Jetzt wurde sie offenbar. Ein Schein von Verbrechen, ein Schein von Größe und Schicksal war über uns alle gefallen. Wir saßen ratlos in unseren großen Klubsesseln und spürten zum erstenmal den Atem der großen Welt durch unsere engen Stuben gehen. Unbegreiflich, das Leben – wer hätte das je gedacht? Da waren nicht mehr Schule und Hitlerjugend, die Lehren des Tacitus über die Germanen, beherzigenswert, da waren nicht mehr das Ministerium, Minister Rust und viele gute Gesetze und Verordnungen des völkischen Staates, da war nicht mehr die Kunst, für die meine Mutter so schwärmte, die ›Winterreise‹ von Schubert und Wagners ›Wesendonk-Lieder‹ – da war plötzlich der Tod eingekehrt, und wir waren seiner Größe nicht gewachsen.

Wir saßen da, als hätte plötzlich die Zeit ausgesetzt. Wir waren an diesem Vormittag wie schlechte Laienspieler, die in einem Berliner Hinterzimmer rasch improvisiert ›Elektra‹ und ›Antigone‹ aufführen. Das Tragische war in unser Haus eingezogen, und natürlich waren wir solchen Texten nicht gewachsen. Ich spielte besonders schlecht. Ich hätte ergriffen und traurig sein müssen. Das verlangte die Rolle. Sie war meine Schwester. Aber ich empfand nur ein böses Gefühl von Triumph: Da habt ihr es endlich. Jetzt ist es heraus. So ist das Leben, nur so.

Ursula wurde ins Westend-Krankenhaus eingeliefert. Sie lebte noch einundzwanzig Tage auf eine zähe und verbissene Weise gegen den Tod an, den sie gerufen hatte. Der Tod kam langsam vom Unterleib heraufgezogen, er begann zwischen dem Geschlecht und dem Gedärm und kroch von dort langsam nach oben. Es war ein Fall von rabiater Vergiftung, wie uns die Ärzte erklärten.

Sublimat ist hochkonzentriertes Quecksilber, und wer Sublimat reichlich schluckt, führt das Gift in den Magen und von dort in die Gedärme. Dort bleibt es dann stecken und beginnt sein mörderisches Auflösungswerk. Sublimat ist ein Alleszersetzer, ein Alleszermatscher; aus unserem Fleisch macht es Brei und löst die Organe sehr langsam in blutenden Matsch auf. Das steigt dann empor, und wenn die Nieren erreicht sind, zermatschen die Nieren, sie können dann nicht mehr den Harn ausscheiden. Der Harn bleibt im Körper und staut sich, und wenn der Harn dann das Herz erreicht, bleibt das Herz stehen, und es ist aus. Man nennt das Urämie, und meistens geht das sehr schnell, nur bei Ursula dauerte es lange. Sie ließ sich drei Wochen Zeit, und diese drei Wochen gaben uns Gelegenheit, das Unglück langsam zu fassen, uns mit der Katastrophe zu arrangieren. Der Tod fordert Stil, Stil wollte sich bilden – wer könnte den Tod je ohne Stil begreifen?

Der Schatten von Kriminalität war rasch von unserem Haus gewichen. Mein Vater hatte vom Ministerium aus mit der Polizei telefoniert, das Westend-Krankenhaus hatte mit meinem Vater telefoniert, und dann hatte wieder die Polizei mit dem Westend-Krankenhaus telefoniert. Die Sache lief jetzt in amtlichen Bahnen, die uns rasch und vollkommen entlasteten. Das Gerücht von der Blinddarmentzündung freilich ließ sich in Eichkamp nicht lange halten. Manches war durchgesickert. Hier mußten Zugeständnisse gemacht werden, zunächst unklar und zweideutig; man mußte sich arrangieren. Meine Mutter sprach jetzt öfters vom Schicksal, das uns heimgesucht habe, und als sie eines Tages beim Mittagessen plötzlich bekannte: »Das arme Kind, unsere Ursel, was muß sie gelitten haben!«, da war sie auf dem richtigen Wege.

So langsam renkte sich das Leben bei uns wieder ein. Der Alltag wollte sein Recht. Ich ging wieder zur Schule, bereitete mich auf das Abitur vor, schrieb eine große Hausarbeit über Hans Grimm und den völkischen Lebensraum, mein Vater fuhr wieder acht Uhr dreiundzwanzig ins Kultusministerium und brachte viele Akten nach Hause, die Kunst betrafen, und meine Mutter kochte jetzt aufmerksamer und schmackhafter als je zuvor. Und nachmittags gingen wir abwechselnd ins Westend-Krankenhaus und besuchten unser todkrankes Kind: immerhin einundzwanzig Jahre alt. Es war eine bewegende Erweiterung unseres Lebensraums. Nie sind wir so oft aus Eichkamp herausgekommen. Etwas fehlte nun zu Hause, gewiß, aber dafür hatten wir jetzt in Charlottenburg ein hohes und helles Zimmer, von dem deutlich die Schauer einer anderen Welt ausgingen. Wir fuhren mit der S-Bahn, aber diese Bahnfahrten glichen eher stillen Wallfahrten nach Lourdes oder Konnersreuth. Meine Mutter sprach jetzt öfters von der Therese, ich wußte nie, ob sie die von Ávila, die von Lisieux oder die von Konnersreuth meinte. Das Mysterium des Blutes beschäftigte uns, das Mysterium des Leidens wollte ergründet werden, und zu den Büchern des Kaplans Fahsel kamen jetzt Schriften, die über den Fall Konnersreuth berichteten. Da hatte man es ja erlebt, wie leicht bei Mädchen Leiden in Blut übertreten kann. Es war ein Mysterium, wie ich nun immer öfters zu hören bekam. Das Wort war mir neu. Ich schlug es im Lexikon nach und sah: Die Sache nahm ganz überraschend eine religiöse Wendung.

Eigentlich war Ursulas Krankenzimmer für geistliche Verklärung wenig geeignet. Sie lag in der Frauenabteilung, Station B, fünfter Stock, Zimmer 23. Es roch überall nach Arzt im Westend-Krankenhaus; man mußte sich am Empfang umständlich ausweisen, mußte peinlich Besuchszeiten einhalten, hatte mit störrischen Schwestern zu kämpfen, auch war der Fußboden oben so blank und strahlend poliert, daß man durch die langen Flure nur ganz vorsichtig stelzen konnte. Ursula lag in einem hohen weißen Emaillebett, seltsam verpackt und verschnürt. Viele Apparate umstanden ihr Bett, viele Gläser auf den Apparaten führten mit vielen braunen Schläuchen in ihr Bett. Offenbar wurde sie künstlich ernährt und mußte auch künstlich entleert werden. Die ganze verborgene Sphäre des Unterleibes, die bei uns immer als niedrig und schmutzig empfunden wurde, war nun in Kunst übergegangen, war reine Kunst der Ärzte geworden, und unter diesem Kunstgriff blühte ihr Antlitz um so anmutiger und schöner auf. Sie lag da wie eine Entrückte, konnte jetzt wieder etwas sprechen. Leise und stoßweise kamen Worte aus ihrem verschorften Mund, und wie alle Selbstmörder, die noch einmal zum Leben erwachen, bereute sie jetzt ihre Tat. Sie zeigte eine stumme Entschlossenheit, das Ganze wieder rückgängig zu machen, und die Ärzte bestätigten ihr diese Hoffnung: gewiß, ganz sicher, in drei oder vier

Wochen wäre sie wieder zu Hause, vielleicht im Rollstuhl, das müsse man vorläufig in Kauf nehmen.

Ursula machte also eine deutliche Phase der Regeneration durch, und diese Zeit vitaler Erholung brachte meine Mutter auf die rettende Idee. Sie hatte beschlossen, daß Ursula konvertieren müsse. Dieser Montag, so sagte sie einmal beim Essen, sei ein deutlicher Wink des Himmels gewesen. Vieles sei in unserer Familie versäumt worden, vieles sei schon bei ihrer Eheschließung sträflich vernachlässigt worden. Sie hatte ja als Katholikin ohne den Segen ihrer Kirche geheiratet, und Ursulas Sterbezimmer in Charlottenburg gab ihr jetzt jenes kräftige Stück moralischer Überlegenheit, das zur Revision so früher und schwerwiegender Fehler notwendig ist.

Meinem Vater war das im Grunde gleichgültig. Ihn interessierte Religion, so oder anders, nicht. Es war wohl mehr seine Mutter gewesen, die auf jene hartnäckige Weise verstockter Altprotestanten diese geistliche Demütigung ihrer katholischen Schwiegertochter verlangt hatte. Das war lange her, es war am Tag des Kriegsausbruchs 1914 gewesen. Seine evangelische Mutter war tot, war in Buckow in der Märkischen Schweiz seit 1931 selig begraben, und das Katholische, seit langem unterdrückt, dominierte nun plötzlich im Angesicht unserer Heimsuchung. Vieles sollte nun revidiert werden.

So machte sich meine Mutter an den Nachmittagen, da sie besuchsfrei hatte, auf die Suche, um geistlichen Beistand zu holen. Die Sache erwies sich als äußerst delikat. Einerseits bestand meine Mutter darauf, daß es nur bessere Herren sein dürften, Würdenträger von höherem Rang und möglichst Ordenspriester, keine profanen Weltgeistlichen, die mit ihren Haushälterinnen und vielen Berliner Gemeindemitgliedern ein gewöhnliches und zweifelhaftes Weltleben führten; andererseits erwiesen sich gerade diese Herren von theologischem Rang als äußerst störrisch. Die Domprälaten und Monsignores, zu denen mei-

ne Mutter mühelos Zutritt fand, die geistlichen Ordens-
vorsteher und Patres zuckten immer etwas zusammen,
wenn sie nach manchem gediegenen Wort etwas von
Selbstmord hörten. Das sei eine schwierige Sache, so
wurde ihr beschieden. Die Kirche, die Heilige Mutter,
verlange von ihren Kindern volle geistige Klarheit für so
schwerwiegende Schritte, und auch gesundheitliche In-
taktheit sei eigentlich vonnöten. Es wurde von vollkommener Umkehr, von vollkommener Reue und Gnade gesprochen. Es war deutlich, daß sich gerade die Herren der
oberen Ränge nicht als ein frommes Beerdigungsinstitut
hergeben wollten. Schon Thomas habe ...

Aber auch meine Mutter hatte inzwischen. Sie hatte in
den Abendstunden, wo man früher bei uns den ›Lokal-
Anzeiger‹ aufschlug, in frommen Büchern geblättert und
war auf ein Wort gestoßen, das sie nun zu ihren Gunsten
heranzog. Sie hatte sich in einer Kröner-Taschenausgabe
die ›Bekenntnisse‹ des heiligen Augustinus gekauft, die
kosteten zwei Mark achtzig, und las des Abends aufmerksam darin. Da war sie auf ein Wort gestoßen, das ihr
passend erschien, wie ein Schlüssel in das Herz der Kirche und ihrer Tochter. Das Wort hieß: »Unruhig ist unser Herz, bis es ruht in Dir, o Gott!« Das arme Kind,
unsere Ursel, sagte sie jetzt gern. Ihr unruhiges Herz. Im
Grunde hat sie doch Gott gesucht.

Es paßte wirklich. Ich weiß nicht, in wie viele Kirchen
und Kapellen, Ordensniederlassungen und kirchliche
Ämter zwischen Friedrichstraße und Grunewald meine
Mutter damals eilte. Sie zeigte eine außerordentliche Ak-
tivität und Beschlagenheit in katholischen Sachen. Eines
Abends kam sie so gegen sechs Uhr still-triumphierend
nach Hause, legte ihre schwarze Handtasche befriedigt in
unseren Barockschrank, schloß den schweren Schlüssel
zweimal herum, zog ihn ab, verschloß diesen Schlüssel im
Schreibtisch meines Vaters, zog auch den Schreibtisch-
schlüssel ab und legte ihn in unsere Anrichte und erklär-

te, während sie die Anrichte verschloß, es sei alles geregelt. Pater Ambrosius von den Salesianern werde morgen ins Krankenhaus schauen.

Pater Ambrosius war ein kleiner freundlicher Herr mit Glatze, der etwas nach außen schielte, aber gewöhnlich sah man das nicht. Er trug eine schwarze Kutte, hatte ein Käppchen auf dem Schädel, hielt die Augen niedergeschlagen und stammte irgendwo aus Zehlendorf – sein Mutterhaus war in Freilassing bei Salzburg. Eigentlich war er nicht vornehm genug für unseren Fall, auch an spiritueller Erwähltheit schien es ihm zu fehlen. Er zeigte eine eigentümliche Art von theologischer Hartnäckigkeit und wollte erst einen umständlichen Konvertiten-Unterricht beginnen, brachte den Katechismus mit und belehrte das sterbende Kind aus Eichkamp über das Woher und Wohin und Wozu und Warum der Welt im allgemeinen, über die Absichten des Schöpfers, die an sich gut und rein waren, und wie es dann alles durch Eva so anders gelaufen sei.

Das vergrämte meine Mutter. Nur keine Umstände jetzt, sagte sie manchmal temperamentvoll, nur dalli – es kommt doch nur auf den Geist an. Sie gehörte wohl mit zu dem linken Flügel des Katholizismus und begehrte schon damals gegen den kühlen Rationalismus der thomistischen Heilsapparatur auf. »Die Gnade«, sagte sie, »es kommt doch nur auf die Gnade an!« In der Tat war Gefahr im Verzuge. Ihre Tochter blühte unter der künstlichen Ernährung und Entleerung noch immer ein wenig auf, aber die Röte und Schönheit in ihrem Gesicht waren jetzt schon von der bösen Anmut des Todes gezeichnet. Und auch die Ärzte stellten nun, wo ein geistlicher Mann das Regiment zu übernehmen begann, im Krankenzimmer langsam ihre Hilfe ein und sagten betreten, es könne nun täglich zu Ende gehen. Ihre Macht sei am Ende. Ein anderer Arzt muß kommen, rief meine Mutter, und meinte damit nicht Pater Ambrosius, sondern Jesus. Wir schwammen damals in einem Meer von Gläubigkeit.

Am elften April 38, es war ein Dienstag, zehn Uhr vormittags, kam der andere. Zimmer 23 war zu einer kleinen blühenden Kapelle verwandelt. Es roch nicht mehr nach Arzt, es roch überall katholisch. Viele Blumen im Zimmer, Heiligenbilder an der Wand, ein kleiner Weihwasserkessel neben der Tür. In der Ecke war ein richtiger Altar aufgebaut mit Kerzen und Kruzifix, und das Stückchen Altarstein, Märtyrergebein, das nach römischer Sitte notwendig ist, brachte Pater Ambrosius in einer schwarzen Ledertasche mit, die wie ein Wochenendköfferchen ungemein praktisch mit vielen sakralen Utensilien für alle Fälle ausstaffiert war. Daraus entnahm er die heiligen Geräte, die zur Spendung der Taufe, der anschließenden Beichte, der anschließenden Messe nebst heiliger Kommunion und der anschließenden Letzten Ölung vonnöten waren. Ich war erstaunt und verblüfft über so viel Riten aus Zehlendorf. Hier wurden vier Sakramente auf einmal gespendet, und wenn meine Mutter im Rang eines Bischofs hätte wählen dürfen, hätte es vielleicht noch die Firmung geben können. Die Gnade war grenzenlos; sie brach über die Sünderin aus Eichkamp wie ein Sturzbach herein und wusch sie wunderbar rein. Dazu sang Pater Ambrosius, tauschte mit einem Meßdiener Texte aus, legte neue Gewänder an, ließ Wasser über Ursels Stirn laufen, legte eine Stola und Bücher bereit, betete lange und rührte später ein Öl an, und dazwischen gab es viel Weihrauch, Klingeln und Kerzenlicht. Auch waren Tränen jetzt angebracht. Tränen der Trauer und der Seligkeit.

Eine Weile hatten wir alle herauszugehen. Wahrscheinlich wurde jetzt Beichte gehört, und ich versuchte mir vorzustellen, was sie nun alles sagen würde. Wie oft gestohlen und heimlich genascht, wie oft unartig gewesen und Unkeusches gedacht. Es war nicht auszudenken. Ich stand am Flurfenster, blickte starr auf den Straßenverkehr. Unten liefen die Menschen, als sei nie etwas gesche-

hen: Hausfrauen und SA-Leute, viele junge Soldaten der
Luftwaffe und ältere Männer, manche mit Hunden.
Charlottenburg lebte weiter. Meine Mutter hielt jetzt ei-
nen Rosenkranz in der Hand und schluchzte manchmal.
Man wußte nicht, ob man auf einer Hochzeit oder auf
einer Beerdigung war, aber richtig gesehen, war es eine
Taufe, das Fest unserer zweiten Geburt, und in unserem
besonderen Fall doch ein Fest der seligen Trauer. Auch
Pater Ambrosius hatte von felix culpa gesprochen. So
schlage zuletzt alles zum Guten aus, und er hatte einen
Dichter zitiert, den wir nicht kannten: Jeder Schmerz
entläßt uns reicher, preise die geweihte Not!

Sie ist tot, sie ist tot, sie ist gestern selig entschlafen. Sie
hat sich nicht wehren können gegen böse Vergiftung, sie
hat sich nicht wehren können gegen fromme Verklärung.
Nun liegt sie da: starr und steif und weiß, und ein Geruch
von Heiligkeit strömt von ihr aus. Sie ist uns allen voran-
gegangen und wird nun wohl in den Himmel fahren. Ihre
Augen sind fromm geschlossen, ihr Mund ist geschlossen, ein Rosenkranz wurde um ihre gefalteten Hände wie
eine zarte Fessel geschlungen – Fesseln der Liebe, keiner
wird sie ihr lösen. Sie ist durch den Balsam des Glaubens
zu einer Braut Christi gewandelt und liegt doch da wie
ein schweres Paket des Schweigens, verschlossen, versiegelt und zart verschnürt. So liegen ägyptische Königs-
töchter auf ihren Bahren, mit Holz und Farben, mit
Wachs und Bandagen zu Masken der Ewigkeit aufbereitet. Sie haben dich zugemacht, sie haben dich versiegelt,
sie haben dich mit den Bandagen des Glaubens hochstili-
siert. Sie haben dich verklärt und werden dich jetzt wie
die Johanna der Schlachthöfe ruckartig hochziehen am
Galgen des Glaubens zu ihrem letzten Triumph. Deutsche Oper in Charlottenburg – links steht die Kirche und
rechts das Bürgertum, und beide werden nun in bewegten
Chören einstimmen in das Fest, das heißt: Tod und Ver-

klärung, Gloriole und Kanonisierung der kleinen Heiligen aus Eichkamp.

Halt dich nur fest an diesen Bändern, es zerfiele sonst alles. In dir ist doch alles kaputt, dein Leib ist zermatscht, die Nieren sind Brei und haben das Herz mit Harn überflutet, zwischen den Därmen und dem Geschlecht hatte es begonnen. Warum sagst du es nicht? Sage es doch: Es hat nie gestimmt, alles war furchtbar, war schrecklich, und das Leben bei euch eine immerwährende Qual. Warum sagst du es nicht: Dieser Boden war schlecht, war mürbe, war faul und modrig; aus Eichkamps Häusern können jetzt nur diese giftigen Pilze des Todes erwachsen. Es war so viel Angst in dir, und du warst immer allein. Alles war so eng, so starr und wie festgeschnallt. Und später, als du dann älter wurdest, spürtest du etwas wie Liebe in dir und wußtest nicht, wohin. Abscheuliche Erfahrung mit Siebzehn: nicht wissen, wohin damit. Du warst vermauert, eingekerkert im Gefängnis deines Leibes, du spürtest Liebe und wußtest nicht, wohin du sie bringen solltest. Es war kein Pol, der das anzog, keine Richtung, in die das wollte, kein Fenster, durch das man nach draußen sehen konnte. Es gab keine Tür in Eichkamp, die man aufstoßen konnte. Alles war in dir zu. Du bist ertrunken in dieser Jugend, erstickt, verreckt an deiner Kraft. Vielleicht hättest du einen Mann gebraucht und viele Kinder, das wäre ein Ausweg gewesen, aber du konntest nicht mehr aus dir heraus – diese Welt da draußen, diesen Vater, diese Mutter, die wolltest du nicht. Ich verstehe das doch. Es muß eine Erlösung sein, aus solchen Gefängnissen wegzusterben. Es muß eine Hoffnung gewesen sein, als du zum erstenmal das Röllchen mit dem Totenkopf sahst. Ich stelle es mir vor: eine ungeheure Hoffnung, daß nun etwas geschehen würde. So steigt das Nichts aus der Tiefe empor, schlägt sich wie Feuchtigkeit durch die Wände der Generationen durch, frißt sich ein ins Fleisch der Kinder und bricht plötzlich aus; man nennt das eine Tragödie, aber bei uns wurde eher ein Familienfest daraus, eine mediokre Komödie der Nächstenliebe.

Am Tag nach ihrem Tod setzte sich meine Mutter an unseren kleinen schwarzlackierten Schreibtisch und gab der Öffentlichkeit Kunde von dem, was uns betroffen hatte. Sie telefonierte mit Zeitungen und Druckereien, gab präzise Inserate auf, ließ viele schwarzumränderte Briefbotschaften drucken, die unser Unglück rasch in die Welt trugen. Sie hatte drei Seelenämter bestellt und rief unsere Verwandtschaft zum Fest der Bestattung. Es sollte trotz allem ein Fest der Gnade werden.

Gemeinsam mit Pater Ambrosius waren meine Eltern zu der Erkenntnis gekommen, daß Ursula im ehrwürdigen Stande der Jungfräulichkeit in die Ewigkeit eingegangen war. Schon damals beklagte man, daß dies immer seltener werde. Sie gehörte also mit zu den unschuldigen Kindern. Sie war eine virgo intacta, wie meine Mutter mit geistlicher Hilfe feststellen konnte, und eine ganze Weile begriff ich nicht, warum sie dieses seltsame Wort jetzt überall anbrachte. Sie erzählte es den Nachbarn und den Ärzten, sie verbreitete es im Blumengeschäft und beriet sich mit dem Steinmetzen darüber, daß es sich hier um den besonderen Fall einer intacta handle. Offenbar war sie nie schmutzig geworden. Mir klang das Wort seltsam im Ohr. Ich kannte Zweitakter und Viertakter. Ich hörte die vielen harten A darin wie scharfe Hammerschläge und mußte wieder lange im Lexikon blättern, bis ich begriff, daß es hier nicht um Technisches ging.

In der Tat waren die Vorteile bestechend: Pater Ambrosius hatte uns auf die ehrwürdige Sitte der Kirche verwiesen, daß virgines intactae vor Gott wie unschuldige Kinder gälten und deshalb auch wie richtige Kinder Anspruch auf weißes Begräbnis hätten. Hier sei nur Freude und himmlischer Jubel am Platz, und die Sache mit dem weißen Sarg und dem silbergeschmückten Jungfrauenkranz darauf bewegte uns tief und machte uns nachdenklich. Jetzt bewies es sich doch, wie einträglich es war, nicht mit Männern zu schlafen. Ursula würde selig und weiß fast wie eine Nonne der Ewigkeit entgegenschlafen. Und wieder erwies sich das Wort des Dichters: Preise die geweihte Not!

Und wenige Tage später kamen sie dann alle, die wir zusammengerufen hatten. Sie kamen aus Grünberg und Neuzelle, aus Glogau und Glatz und brachten mit schwarzumflorten Hüten und dicken Koffern viel schlesisches Mitgefühl mit. Es kamen Onkel Hans und Tante Anna aus Neuzelle. Sie brachten aus ihrem Kolonialwarenladen in der Adolf-Hitler-Straße einen Geruch von Zimt und Gemütlichkeit nach Berlin. Es kam Onkel Osswald aus Grünberg, der saure Ossi genannt, weil er von dem sauren Grünberger Wein, dem er heimlich hörig war, ein heiter-vergrämtes Junggesellengesicht bekommen hatte. Es kamen die feineren Flickschuhs aus Frankfurt/Oder, die in einem immerwährenden Zwist mit ihrem Pfarrherren lebten und mit dem zuständigen Ordinariat darüber eine bedeutsame Korrespondenz führten, und es kam Lehrer Hermann mit Frau Gertrude aus Glatz. Die hatten zehn Kinder zu Hause. Und alle waren katholisch, wirkten warm und rundlich, stellten ihre Koffer gebieterisch in unseren engen Flur, suchten an den Wänden nach Weihwasserbecken, die bei uns fehlten, und verlangten dringend die früh Entschlafene zu sehen.

Dann kamen die Evangelischen aus dem Norden. Es kam Tante Alma aus Stettin, eine ältliche dürre Postangestellte, die sächsisch sprach und sich schon Mitte Dreißig aus ihrem Telefonistinnenberuf klug zurückgezogen hatte. Sie lebte seitdem von einer unsagbar schmalen Pension allein mit ihrer Katze, hatte den Geiz einer alten Jungfer zu hoher Kunst entwickelt, hatte den Stolz einer frühen deutschen Staatsbeamtin dazugetan und belehrte uns immer, daß wir alle viel zu verschwenderisch lebten. Sie

sammelte damals Stanniol und Altpapier für die Wehrmacht; ohne Sparsamkeit, sagte sie, könne kein Staat ge-
deihen. Dann kamen Onkel Hans und Tante Eva aus
Hamburg-Eidelstedt. Herr und Frau Korvettenkapitän,
denen man die Abenteuer der Tropen noch ansah: Sie
hatten gelbe, lederne Haut und wirkten sehr spitz und
hart und zeigten einen Anflug von hanseatischer Kalt-
schnäuzigkeit. Sie griffen den ganzen Tag nervös nach
»Rettchen«, wie Tante Eva das Kettenrauchen nannte,
und verbreiteten in unseren engen Stuben einen fremd-
artigen, würzigen Geruch von Welt. Sie suchten nicht
Weihwasserbecken, sie verlangten nach Whisky. Tante
Alma fand das alles Verschwendung.

Und beide Linien, in schwarzen Sonntagsstaat gehüllt,
beäugten sich mißtrauisch, hatten bisher nur voneinan-
der gehört und lagen sogleich auf der Lauer, wer wohl
dem anderen eine schwache Stelle bieten würde. Die
Katholischen waren trotz ihrer größeren Zahl spürbar
unterlegen. Etwas Schlampiges und Schlawinerhaftes
umgab sie. Sie hatten wohl zuviel Herz und zuwenig im
Kopf, und das ließen die Evangelischen, bei denen es
umgekehrt war, mit kleinen spöttischen Wendungen sie
hämisch spüren. Onkel Hans aus Neuzelle und Onkel
Hans aus Hamburg aber verband auch Gemeinsames.
Sie waren zum Beispiel beide in der Partei, der eine aus
Loyalität, der andere aus Überzeugung. Sie trugen ihr
Abzeichen zur Beerdigung stolz auf dem rechten Man-
telaufschlag, damit man in der großen Stadt nicht meine,
sie seien nur irgendwer. Es schien mir in diesen Tagen,
daß das Hakenkreuz bei Onkel Hans, dem Katholi-
schen, viel freundlicher und vertraulicher wirkte. Bei
Onkel Hans, dem Evangelischen, war es ein anderes
Zeichen. Da wirkte es kalt und fremd und kam aus dem
Norden. Er hatte die Systemzeit, wie er sagte, auf Java
verbracht und war nun wieder Offizier in einer U-Boot-
Schule.

Und sie alle bevölkerten nun unser kleines Haus, das mit einemmal voll Leben und Geschäftigkeit war. Sie verlangten Bettücher, Decken und Nachttöpfe, wollten Zeitungen lesen und Radio hören, sprachen gelegentlich von der Heimkehr der Ostmark und daß sich nun endlich der Jugendtraum des Führers in Wien erfüllt habe. Dazwischen wurden Kränze gebracht und Blumengebinde mit großen Schleifen ins Haus gereicht. Von so viel Tannengrün roch es weihnachtlich, und zwischendurch nahm meine Mutter im Herrenzimmer Kondolenzbesuche entgegen. Tante Alma schlief in Ursulas Bett, und ich mußte in die Küche ziehen, weil die feineren Flickschuhs, die, die mit dem Ordinariat korrespondierten, in meinem Zimmer nächtigen wollten.

Es wurde ein langes und unvergeßliches Familienfest, das seinen Höhepunkt wie immer in solchen Fällen erst nach der Beerdigung fand. Man pflegt da zum Leichenschmaus einzukehren, aber meine Mutter hatte zusammen mit einer Dienstfrau und Tante Alma alles zu Hause gerichtet. Es entsprach dem Geist der Familie, in einer so großen Stunde nichts Fremdes und nur Geschäftliches in der Stadt zu mieten. Wir hatten immer allein und still in Eichkamp gelebt. Meine Mutter hatte früher jeder Ankündigung eines Verwandtenbesuchs mit einer eiligen Depesche entgegengewirkt, die von ihrer Krankheit – leider – in diesen Tagen kündete. So war durch viele Jahre niemand zu uns vorgedrungen. Wir hatten wie in einer belagerten Stadt, wie in einer geschlossenen Gesellschaft gelebt und waren ganz unter uns geblieben. Das war nun aus. Die Burg war zerbrochen, das Tor war auf, und von überall strömte über Ursulas Totenbett Familie ein, ergoß sich über alle Flure, saß in allen Zimmern, blieb in der Küche haften, kletterte die Treppen hoch, trat zum Garten hinaus, stand vor der Haustür, Familie quoll aus allen Ritzen und schuf drangvolle Enge. Damals lernte ich das

Glück der Nächstenliebe kennen, die tröstende Kraft der Großfamilie, von der wir uns leider immer mehr entfernen.

Am späten Nachmittag so gegen fünf erreichte das Fest seinen Höhepunkt. Unser Eßtisch war ausgezogen worden und gab eine kleine Festtafel her, die jetzt freilich schon in eine wilde und zugleich genußreiche Auflösung überzugehen drohte. Weingläser und Kaffeetassen standen wirr herum. Nie war es so glänzend, so festlich und verschwenderisch in unserem Eßzimmer zugegangen. Die feinen Kristallgläser und das Meißener Porzellan, das Spargelservice und die Silberplatten, die jahrzehntelang unsere Anrichte als kunstvolle Auslagen starr geschmückt hatten und unzählige Male abgestaubt worden waren, wurden nun rücksichtslos in Gebrauch genommen. Der Tod der Tochter schenkte ihnen Leben. Draußen in der Küche standen die mit schwarzem Leder bezogenen Besteckkästen herum, aus deren roten Kissen man kostbare Silbermesser und Gabeln aus jahrzehntelangem Schlaf erweckt hatte. Es zeigte sich nun, daß wir über einen beträchtlichen Wohlstand verfügten. Hochzeitsgeschenke meiner Eltern kamen nach vierundzwanzig Jahren zu erster Wirkung: Serviettenringe aus schwerem Silber, in die altmodisch geschnörkelt die Zahl 1914 eingraviert war. Da gab es innen vergoldete Schöpflöffel mit Monogramm, die ich noch nie gesehen hatte, und viele Kompotteller aus schwerem Kristall, die meine Mutter aus lange verschlossenen Schränken freigab.

Onkel Hans, der katholische, war in wehmütiger Rotweinlaune. Sein Schmerz war gedämpft, die Trauer verklärt; wie immer nach gutem Essen breitete sich stille Besinnlichkeit aus. Es kam noch hinzu, daß er direkt gegenüber von Pater Ambrosius saß, der den Bitten meiner Mutter nicht hatte widerstehen können und wenigstens auf einen Sprung zu uns gekommen war. Und nun saß der fromme Salesianer wie ein kleines geistliches

Prunkstück in unseren vier Wänden, saß demütig an der Seite meiner Mutter, wie sie es immer geträumt hatte. Sie saßen einträchtig da wie Franz und Klara einst in Assisi, und alles wäre sicher gutgegangen, wenn sich nicht plötzlich Onkel Hans erhoben hätte. Er stand mit einer schwerfälligen und prustenden Gebärde auf und zeigte zunächst auf seinem Bauch eine schwere Goldkette, an der drei Hirschzähne bräunlich baumelten. Sein Gesicht war gerötet und glänzte von festlichem Schweiß. Er wischte sich mit der zerknüllten Serviette über das Gesicht, klopfte an sein Glas, legte die Zigarre weg und erhob dann das Glas mit der Rechten. »Hochwürden«, hörte ich ihn mit tiefer, gurgelnder Stimme sagen, »wir wollen jetzt unserer lieben Verstorbenen gedenken, die nun im Himmel ist – durch Ihre Hilfe.« Dann setzte er das Glas ab, nestelte in der Hosentasche, zog eine braune, glänzende Geldbörse heraus, blätterte darin und entnahm ihr einen Schein: fünfzig blanke Mark, die er einen Augenblick zugleich vertraulich und triumphierend im Kreis herumzeigte. Dann legte er den Schein demütig auf Pater Ambrosius' Kuchenteller, legte eine Kuchengabel darüber und sagte: »Hochwürden: Ein Requiem für Ursula.«

Pater Ambrosius wollte wohl noch bescheiden abwehren, aber er kam nicht mehr dazu, denn plötzlich mußte etwas mit mir geschehen sein. Ich muß wohl lautlos zusammengesackt sein und klatschte plötzlich mit meinem Kopf hart auf ein Kristalltellerchen, das hell klirrend zur Seite sprang und eine Weile auf unserem hölzernen Fußboden lustig tanzte. Es war ein rasender Krampf in mir, vom Magen her zog sich alles zusammen, würgte und preßte nach oben. Mein Oberkörper krümmte sich nach vorn, und dabei muß ich wohl für eine Sekunde bewußtlos gewesen sein. Denn als ich wieder zu mir kam, sah ich, daß ich mich quer über den Tisch erbrochen hatte. Da lag Braungefärbtes feucht auf weißem Linnen und erinnerte mich sofort an Blut im Kissen. Das Braune sickerte langsam ein, zog Kreise, und als ich seinen sauren Geschmack im Munde spürte, erschrak ich und dachte: Blut, so kann nur Blut im Mund schmecken. Ich riß mich hoch, warf den Stuhl um und lief besinnungslos hinaus – hinaus aus dem Eßzimmer, hinaus aus der Küche, lief in den Garten und blieb dort irgendwo an einer Holzbank stehen.

Die Stille eines Frühlingsabends lag über den Gärten. Es roch nach frischem Gras, und blaue Stiefmütterchen standen in voller Blüte. Im Nachbargarten sprengte jemand junge Salatbeete, Sperlinge zogen schon durch den weiten blauen Himmel, und irgendwo klingelte ein Radfahrer ein helles und freudiges Bimbam. Eichkamper Abendfrieden. Da sehe ich, wie sich die Küchentür öffnet, wie meine Mutter heraustritt, gefolgt von Onkel Hans, dem katholischen, ihrem Bruder. Sie stützt sich auf ihn. Beide sind schwarz umflort und kommen mir immer näher. Ich kann nicht mehr ausweichen, ich kann nicht mehr fliehen, ich kann nichts mehr rückgängig machen. Ich spüre Blut im Mund. Da kommt die Familie, deine Familie. Sie werden dich töten. Sie haben mich gesehen, sie kommen immer näher. Und ich höre, wie meine Mutter zu ihrem Bruder sagt: »Aber Hans, schließlich war es seine Schwester.« Und ich denke: Ja richtig, natürlich, sie ist deine Schwester gewesen.

Und bei diesem Gedanken spüre ich, wie plötzlich etwas in mir zerspringt, zerbricht, kaputtgeht: mein Stolz, mein Hochmut und meine Kälte. Zum erstenmal nach drei Wochen weicht diese böse und schreckliche Erstarrung von mir. Zum erstenmal fühle ich Schmerz, richtigen, einfachen Schmerz in mir. Alles kommt plötzlich ins Gleiten und Rutschen. Ein Gefühl von Schwindel befällt mich. Ein Abgrund ist da. Ich falle und falle und falle immer tiefer, falle durch lauter

Schächte der Vergangenheit – gleich werde ich aufschlagen. Ich bin wieder ein Kind, möchte wieder weinen wie ein Kind, möchte heulen wie ein Kind, möchte traurig sein wie ein Kind, möchte sein wie alle anderen Kinder auch.

Mein Freund Wanja

Prag, sagt man, ist eine schöne Stadt. Ist Prag eine schöne Stadt? Man sagt es. Man sagt: Auch heute noch ist Prag eine schöne Stadt, heute gerade und gerade heute wieder, wo sich so manches zu wandeln beginnt. Das goldene, das ewige Prag, barock und katholisch, monumental und lieblich, die Moldaustadt, Krone der Kunst: Gehen Sie nach Prag – es ist immer noch eine zauberhafte Stadt. Das Wort zauberhaft hätte mich stutzig machen müssen.

Kennen Sie Prag? Es ging mir mit Prag, wie es mir immer wieder mit fremden Städten geht, in die man plötzlich nach Jahrzehnten des Hörensagens verschlagen wird: Da ist nur Enttäuschung am Anfang. Man kommt an einem Nachmittag, und es ist immer ein Sonntagnachmittag, und Sonntag nachmittags sind alle Städte der Welt eine Hölle für Fremde. Man kommt einfach nicht rein, es regnet dazu, und alles verwest so feierlich vor sich hin, weil doch Sonntag ist. Man ist natürlich mit einer ziemlichen Erwartung gekommen: das goldene Prag, barock und katholisch und immer noch zauberhaft. Damals mißlang mir alles. Man geht durch die Straßen, die leer sind und naß vom Regen. Man geht zum Wenzelsplatz und hält überall Ausschau zur Burg, zum Schloß und zum Veitsdom und läuft über viele nasse Moldaubrücken, Heilige und Engel zur Seite, so marmorn kalt wie in tausend Kirchen.

Prag hat so viele Paläste und Adelshäuser, das ist wohl wahr, aber damals ließ mich das kalt, damals hielt alles nur gegen mich zusammen, die Fenster zu, alle Tore hielten ihr Inneres fest vor mir verschlossen. Die Stadt war sehr leer und schrecklich aufgeräumt von Arbeit, von Leben und Handel und sah so schön und langweilig aus wie eine gute Stube: Besuchszimmer mit Spitzendecken und vielen Nippes da drinnen. Das war mein Prag: ein Gefühl von Mauern, von Stein und geschwungener Leere, ein Geschmack von Sinnlosigkeit und Enttäuschung. Es war ein ziemlich verrücktes und krankes Gefühl.

Kennen Sie die feine und hinterhältige Versuchung, diesen Zustand der Enttäuschung auf eine ekelhafte Weise auszubauen? Natürlich ist man schon längst ein Gefangener seiner eigenen Tiefe. Der Weg nach außen ist zu. Natürlich hat man immer ein paar Adressen in der Tasche, zwei oder drei Telefonnummern; unsereiner verreist gar nicht anders. Man müßte jetzt anrufen. Man tut es nicht. Man ist schon so verliebt in diese Enttäuschung und in den Genuß dieser Enttäuschung. Es ist eine bösartige Hoffnung in dir, das Ganze zu einer großen Szene auszubauen: morgen früh wieder die Koffer zu packen und zurückzufahren. Ich war da, aber ihr werdet es niemals erfahren. Ich war da, aber ich kam nicht hinein, denn eigentlich war ich nicht da. Ich bin nur über die Straßen und Plätze, über die Brücken und Treppen von Prag gelaufen und dann wieder weggefahren. Ich hatte Angst, Angst anzufangen, Angst anzurufen, Angst, hier zu sagen: Hier bin ich, ich bin hier. Ich konnte es damals nicht mehr in Prag. Ich war in meine Angst und Einsamkeit tief verstrickt. Ich kam aus dem Westen und brachte viel Sinn für Verfall und verfeinerte Lebensart mit.

Für solche Fälle gibt es auf der ganzen Welt nur eine Lösung: Roma Termini, Gare du Nord, Waterloo Station. Alle Bahnhöfe der Welt sind angestaut mit Erwartung, Enttäuschung und abgerissenem Glück. Man kann daran anknüpfen. Zwischen bunten Kiosken und staubigen Bahnsperren läuft das Leben weiter; man kann es aufnehmen und findet dann wieder zurück. Auf Bahnhöfen sind Schienen, Fahrpläne und feste Tarife; verläßliche Dinge, an die man sich halten kann. Und vor allem sind die vielen anderen da, die auch zum Bahnhof gingen, weil es ihnen auch nicht anders ging. Jede Bahnhofshalle ist eine Versammlung der Entgleisten, der aus der Bahn Geworfenen, ein Treffpunkt der Einsamen und Verrückten. Man riecht die Erwartung und Hoffnung, denn alle Einsamen laufen herum wie Tiere und schnuppern am anderen herum wie Tiere und signalisieren, daß es das draußen gibt, was doch nur in dir ist: Verlorenheit. Es riecht ziemlich ekelhaft.

Meine Rettung damals war ein Zeitungskiosk. Es gibt in Prag sehr viel weniger Blätter als bei uns, und so ein Zeitungskiosk sieht deutlich blasser und schlichter aus: Keine Sünde lockt da in schöner Verworfenheit vom Papier. Immerhin, es gibt Zeitungen da, und ich kaufte mir eine, weil ich mir sagte: Du wirst dann später vielleicht telefonieren können. Ich kaufte mir ›Neues Deutschland‹. Dies ist kein Blatt, nach dem ich mir sehr die Finger lecke. Es ist mir einfach zu amtlich und stramm und erinnert mich zu sehr an den ›Osservatore Romano‹ oder an den Limburger ›Bonifatiusboten‹: Es ist alles so stramm von oben herab. Aber wenn man in Prag ist und die Sprache der Stadt nicht versteht, und es ist Sonntagnachmittag, und es regnet so leicht vor sich hin, und man fühlt sich so sinnlos dabei, dann nimmt man auch das und sagt sich: Immerhin, die anderen müssen das täglich lesen. Es kann dir einmal nichts schaden.

Nein, ich werde jetzt nicht erzählen, wie es mir schließlich doch gelang, in die Stadt einzudringen, sie zu erobern und schön wie in jedem Reiseführer zu finden. Ich will nur sagen, daß ich an diesem abscheulich mißlungenen Sonntagabend schon um halb neun zu Bett lag und daß es da geschah. Da geschah es. Man liegt in den Gastbetten des Sozialismus nicht schlecht. Natürlich ist alles etwas altmodisch und schwerfällig. Aber gibt das nicht Sicherheit? Es ist, wie wenn man bei seiner adligen Großmutter auf dem Lande zu Besuch wäre: alles sehr proper und von gediegener Bürgerkultur, noch richtiges Handleinen, nicht dieser neudeutsche Ramsch mit Klappcouch und

Plastikdusche wie in Düsseldorf oder Frankfurt, wo wir unsere Neurosen herhaben.

Ich hatte mir eine Zigarre angesteckt und kippte aus einem schmalen Taschenfläschchen den Rest eines westlichen Whiskys herunter und war ein Journalist aus dem Westen, der mit seinen Absonderlichkeiten, seinem Hochmut, seinen Zigarren und Whiskyfläschchen und seinen späten Neurosen im April 63 ins sozialistische Prag gekommen war, um alles gut und fortschrittlich zu finden. Was ist schon dabei?

›Neues Deutschland‹ berichtete schon damals von strahlenden Erfolgen des Sozialismus im Vorderen Orient, vor allem in Ägypten, wo die Amerikaner damals wieder eine ihrer unbeschreiblichen Dummheiten angestellt hatten. Das hatte auch ›Neues Deutschland‹ erbittert, und nun schrieben sie auf Seite eins mit viel Fettdruck darüber. Und ich las die erste Zeile, die lautete: »Wie unser Nahostkorrespondent Lothar Killmer aus Kairo meldet ...«

Mit solchen banalen Eröffnungsformeln beginnen die Nachrichtenseiten aller Welt. Agenturberichte, Korrespondentenberichte: dpa und Reuter und UPI und TASS – man liest da völlig blind drüber weg und soll es auch, und auch ich tat es für einige Sekunden, nicht länger. Der Name hatte mich getroffen. Namen haben bisweilen eine unbeschreibliche Durchschlagskraft. Die Wissenschaft nennt das wohl Schwellenreiz oder auch Auslösungseffekt. Ich sah nur den Namen, an dem doch nichts Ungewöhnliches ist, las ihn immer wieder und wußte plötzlich: Der war einmal da, den gab es einmal in deinem Leben. Natürlich – das könnte er sein. So fällt man zurück, rutscht durch die Schächte der Zeit wie im Fahrstuhl blitzschnell nach unten, wo immer nur Kindheit ist: dick und rührend und breiig. Und so wußte ich plötzlich mit einem unbeschreiblichen Gefühl von kindlicher Rührung: Natürlich, das könnte Wanja sein. Jetzt hast du endlich eine Spur von ihm – nach zwanzig Jahren.

Herr Focken war unser Lehrer für alte Sprachen. Ober-
studienrat Focken war noch vom alten Schlag preußischer Bildungsmänner: Ein Zug von humanistischer Hilflosigkeit und evangelischer Innerlichkeit umgab ihn,
wenn er mit einem verschämten Heil Hitler unser Klas-
senzimmer betrat. Er versuchte das rasch zu erledigen. Er
trug Wickelgamaschen und enganliegende grüne Förster-
anzüge mit hochaufgesetzten Taschen. Das gab ihm, der
damals schon Ende Fünfzig war, etwas zugleich gediegen
Deutsches und Greisenhaftes: Die Dünnheit der Beine
und die Schmächtigkeit evangelischer Männerbrust werden in solchen Roben der Zeit ganz offenbar. Herr Fok-
ken war unser Lehrer für alte Sprachen; er war der Mann,
der uns die wunderlichen Sprüche beibrachte, diesen
schöngearteten Schmus des deutschen Bildungsbürger-
tums, den wir das unverlierbare Erbe nennen: Von Xenophon bis Erasmus, von Tacitus bis Luther, vom evangelischen Gesangbuch bis zu den Brüdern Grimm fand er
alles tief und ernst und beherzigenswert und legte es auch
uns an das Herz. Auch sang er gern, sang noch 1936 zur
Eröffnung der Lateinstunde mit hoher, mutiger Stimme:
»Herr, Deine Güte währet ewiglich«, sang es einsam und
voller Zuversicht, hielt die Hände dabei fest und doch
etwas gespreizt über dem Leib geschlossen. Sein rechtes
Auge schielte etwas hellblau nach außen, so daß man
nicht wußte, wohin er bei solchem Gesang sah; er war
jedenfalls immer oben.

Herrn Fockens Beziehungen zum neuen Staat formu-
lierten sich in dem einen Satz, mit dem man in Deutschland schon ganze Generationen fröhlich ins Grab ge-
schickt hat: Mens sana in corpore sano. Herr Focken war
gleichermaßen für Plato, für Luther und Walter Flex. Er
hatte den Ersten Weltkrieg als Freiwilliger mitgemacht,
fröhlich und gottesfürchtig, wie er sagte, und war da in
seiner Art deutscher Innerlichkeit deutlich bestärkt worden. »Kerle«, sagte er manchmal und verzerrte dabei sei-

nen Mund zu einer Grimasse wilder pädagogischer Entschlossenheit, die uns Jungen heimlich zum Kichern
brachte, »Kerle, denkt an Walter Flex: Ein gesunder
Geist kann doch nur in einem gesunden Körper woh-
nen!« Dabei war es, als krachten alle seine Glieder. Er riß
sich entschlossen hoch.

Eines Tages kam Herr Focken nicht allein. Wie soll ich
es je vergessen? Es war in Berlin, es war im Herbst 36
kurz nach den Olympischen Spielen, es war in der Obertertia des Grunewald-Gymnasiums, das heute Walter-
Rathenau-Schule heißt, weil gleich um die Ecke in der
Königsallee einmal Walter Rathenau erschossen worden
war – damals wußten wir nichts davon. Herr Focken kam
mit einem Stoß schwarzer Schulhefte, kam mit seinem
Gesangbuch unter dem Arm und kam mit Wanja. Der
sah aus wie Kaspar Hauser, nur etwas kleiner. Es war von
unbeschreiblicher Komik, als die beiden plötzlich im
Türrahmen standen und Heil Hitler sagen wollten. Herrn
Focken rutschten dabei nämlich die Schulhefte aus dem
Arm; neunundzwanzig schwarze Diktathefte klatschten
zu Boden, und der Neue stürzte sich eilfertig wie ein
Wiesel darüber, um das Malheur rasch zu beheben. Er
ruderte mit beiden Armen in dem Haufen, schob alles
zusammen und ließ alles wieder neu fallen und tat dies
mit einer Geste atemloser Behilflichkeit, die ihre eigene
Ergebnislosigkeit zugleich zu parodieren schien: Diabolos, der Schalk und Durcheinanderwerfer, war gekommen. »Ein Neuer«, sagte Herr Focken, indem er mit seinen dünnen Beinen elegant über den schwarzen Haufen
hinwegstieg und das Gesangbuch aufschlug. Dann sang
er und sah nur nach oben. Er sang jetzt auch für Lothar
Killmer.

Der Neue war klein, breit und bräunlich, hatte einen
stämmigen und untersetzten Körper und kurze, kräftige
Glieder. Die Haare hingen ihm wirr ins Gesicht und
wuchsen ihm zottig im Nacken; am Hals hatte er einen

großen Leberfleck. Er war durchaus ungepflegt. Er schien aus einer anderen Welt zu kommen. In unserer Schule wirkte er reichlich derb. Bei uns waren die meisten damals sehr fein und adrett, gehobene Klasse, Söhne der preußischen Bourgeoisie, glatt und mit einem Zug flacher Herrenhaftigkeit schon mit Sechzehn. Söhne von Fabrikanten, von Landgerichtsräten und Offizieren, die später einmal wie ihre Väter des Morgens eine Stunde reiten oder Tennis spielen und sich nach Dienst zu Herrenabenden am Roseneck treffen würden. Grunewald war damals sehr fein: Wassergrundstücke mit großen Parks und alten Villen rund um den Hasensprung – evangelisch, preußisch und etwas junkerhaft. Es war wohl die letzte Stunde jener Klasse, die dann am 20. Juli 1944 unterging. Es war Elite, wie man bei uns so sagt, und ich gehörte nicht zu ihr. Ich merkte das bald. Ich gehörte zu dem Neuen. Ich wußte eines Tages, daß ich zu ihm gehören würde. Er war kaum drei oder vier Wochen bei uns und saß längst bei mir auf derselben Bank. Ich hatte ihm bei diesem langweiligen Xenophon kräftig vorgesagt, da schickte mir der Neue einen Zettel herüber, und darauf stand: »Ich heiße Wanja, sag es niemandem.« Da spürte ich, daß er der Freund meiner Jugend werden würde.

Weiß man, was Freundschaft eigentlich ist? Was ist das? Da schießt was zusammen, da fällt was in eins, da bindet sich was, das draußen immer getrennt bleiben wird. Im anderen suchen wir immer unsere eigene, unsere andere Möglichkeit, die wir nicht leben. Wanja war meine andere Möglichkeit, die zu leben ich nie die Kraft gehabt hätte. Er war auf eine unerhörte Weise gegen die Ordnung damals. Ich erfuhr es erst langsam, und das zog mich an. Er war vollkommen anders und besaß so ziemlich alle Fehler, die man damals in Berlin-Grunewald unter Adolf Hitler haben konnte: Er kam aus proletarischen Kreisen, er war Halbjude und Halbrusse, und seine Mutter, so kicherten die von Kleists und von Mansteins heimlich in der Pause, sei eine Arbeiterin, ein Fräulein, ein Fräulein Arbeiterin aus Halensee. Eine Weile ging das Gerücht, daß er ein unehelicher Sprößling des sowjetischen Kommissars für das Äußere, Litwinow, sei. Es war ein abenteuerliches Gerücht. Es wurde nie zwischen uns geklärt. Er verweigerte mir jede Auskunft über seinen Vater. Der Vater war Wanjas schwacher Punkt. Ich sollte das erst sehr viel später merken.

Wanja war die Inkarnation des Außenseiters. Er paßte nirgends hin und hatte doch aus diesem Geschick eine wunderbare Position der Unabhängigkeit gemacht. Er war vollkommen frei und genoß mit einer grimmigen Lust die Freuden der Freiheit. Er hatte Lust zu leben, Lust dazusein, Lust, die Welt an sich zu reißen. Er war gesund, kraftvoll und von herrlicher Einfachheit – alle Zweifel und Fragen lösten sich bei ihm in einem Grinsen auf, in der Art, wie er eine Grimasse schnitt. Er liebte das Leben, ging schwimmen, rudern und boxen. Schon mit Siebzehn hatte er eine Freundin, mit der er am Wochenende schlief. Am Montagmorgen trafen wir uns um halb acht am Bahnhof Halensee. Dann kam er, immer etwas verspätet, immer unausgeschlafen und etwas zerzaust, und erzählte mir, während wir den gemeinsamen Schulweg begannen, von den unterschiedlichen Freuden des frühen Ehelebens; was er bei Frauen bevorzuge und was nicht. Kennerschaft lag darin, und dann, während wir schon auf der Schultreppe waren, ging er auf Trotzkij über und berichtete von einer geheimnisvollen Verschwörung zwischen Trotzkij und Hitler. Das alles war weit weg von mir. Ich ging still neben ihm, hörte seine dunklen Laute und hatte Angst vor der Lateinstunde und Angst vor dem Griechischen – damals waren wir achtzehn.

Wanja wurde für mich zu einem Abenteuer, in das ich mich tief verstrickte. Er besaß so viel Leben, das ich nicht erreichte. Er war einfach da, vollkommen da. Er ließ sich

durch nichts in der Welt von seiner Entschlossenheit ab-
bringen, das Leben schön zu finden. Er war eigentlich
häßlich, aber die Kraft, mit der er das war, machte ihn
nur männlicher. Er war nicht klug und hatte im Grunde
schon damals eine stümperhafte Bildung, aber er wußte,
worauf es im Augenblick ankam, und stellte unseren
Lehrern, die er verachtete, in heiklen Situationen überraschende und verwegene Gegenfragen, die sie verwirrten.
»Schön und gut, du bist ganz gescheit«, sagte er manchmal zu mir, »aber es fehlt dir einfach das Beste.« – »Das
Beste«, fragte ich, »was ist das?« – »Die Lust«, sagte er,
und ich wieder: »Die Lust wozu?« – »Zum Wahnsinn«,
sagte er. – »Zum Wahnsinn?« – »Ja«, sagte er, »man
braucht ein Stück davon, ein Stück wahnsinnige Lust, um
hierzusein.«

Natürlich wurde ich ihm hörig. Ich verfiel ihm auf eine
langsame und unentrinnbare Weise – nur mit Achtzehn
kann man so hilflos dem anderen verfallen. Später gibt
man sich nicht mehr so auf. Wenn ich zu ihm ging, gab
ich mich auf. Er war immer eine Reise in eine andere
Welt; ich war da nur voller Staunen.

Wanja wohnte hinter dem Bahnhof Halensee in der
Westfälischen Straße in einem schäbigen und düsteren
Hinterhaus. Nie war ich bisher in solche Straßen gekommen. Es roch überall nach Armut und Alter. Schwere,
knarrende Türen, ausgetretene Treppen, Kohlgeruch im
Haus; man mußte vier Etagen hoch steigen und stand
dann vor einer blinden, altmodischen Glastür, an deren
Pfosten viele Visitenkarten mit Reißzwecken befestigt
waren. Ein älterer Mann öffnete mürrisch und musterte
mich mit mißtrauischen Blicken. Im Flur hingen vor den
Zimmertüren ausgefranste Teppiche. Musikinstrumente
und Tabakpfeifen an den verschmutzten Wänden. Es
roch aus der Küche, eine Frauenstimme sang, und dann
trat Wanja hinter einem dieser zerfransten Teppiche hervor. Er war auf eine abenteuerliche Weise verkleidet. Er

trug einen roten Russenkittel mit einem verwegenen Halstuch, er trug kurze grüne Hosen und hatte die nackten Beine in Filzpantoffeln gesteckt und sagte: »Komm, komm doch hier rein«, sagte es einladend und fremd, so, als hätte er nicht noch heute morgen mit mir auf derselben Schulbank gesessen. Er war hier ein anderer, war fremd und geheimnisvoll und führte mich in ein Reich, das ich nicht kannte, das mich lockte und ängstigte. Er war vollkommen anders. Es war wie eine Opiumhöhle der Armen. Alles nur Bretter, Kisten, zerfranste Stoffe, Kissen, Teppichfetzen und viele zerlesene Bücher am Boden. Es gab keinen Tisch, keinen Stuhl, alles war auf dem Fußboden ausgebreitet. Eine Welt zum Hocken, zum Liegen, zum Schlafen. Unter dem Fenster war etwas Bettähnliches eingerichtet: Eine Matratze mit vielen Kissen und wirren Decken lag da auf dem blanken Boden. In der Ecke brodelte ein Samowar.

Wanjas Welt war eine skurrile Mischung aus russischem Anarchismus und Altberliner Proletariat. Mitten unter Hitler lebte er hier mit seiner Mutter jenen wilden, romantisch-proletarischen Stil der zwanziger Jahre weiter. Sein Zimmer war eine Bühne privater Sozialrevolution. Nie hatte ich geglaubt, daß es so etwas in Deutschland gäbe. Nie hätte ich für möglich gehalten, daß so etwas nahe bei Eichkamp liegen könne. Bei uns war alles brav und bieder, hell und hoch und von abscheulicher Mittelmäßigkeit. Alles starr und steif und leer, ein Haus wie das andere, eine trockene Bürokratie des Daseins. Hier bei Wanja war Wildheit, war Chaos, ein Abgrund von Rätseln und Unbegreiflichkeiten – ich mußte wohl diesem Abgrund damals verfallen.

Ich besuchte Wanja immer öfter. Ich tat es heimlich und mit schlechtem Gewissen, und immer öfter geriet ich in seinen Bann, in den Bannkreis dieser verwegenen Armseligkeit, die so viel unerforschten Reichtum des Lebens verhieß. Wanja kochte Tee und begann mir dabei

Vorträge über die Kultur des Tees zu halten. Er holte ein altes, zerfleddertes Insel-Bändchen hervor und begann vorzulesen: Okakura Kakuzo – das Buch vom Tee. Und später dann holte er aus dem Flur eines der Musikinstrumente von der Wand. Es war eine Balalaika, wie er mir erklärte; ich hatte das Wort nie gehört. Und dann begann er Lieder zu singen, die ich auch noch nie gehört hatte und deren Worte ich nicht verstand, denn es waren russische Volkslieder. Sie waren dunkel und schwermütig, waren wild und bisweilen von einer Zartheit, die ihm immer mißlang. Wanja war jetzt weit weg von mir, war ein Reiter, ein Kosak, ein Fürst, ein Bauernsohn, der von einer fremden Heimat sang, er war ein Dichter, der von fernen Revolutionen, von Bürgerkriegen, von Flucht und Hunger und Liebe sang. Es war eine seltsame und fremde Welt. Er zupfte an den Saiten und übersetzte dazu leise manche Zeile: »Wenn du, Parascha, mich lieben wirst, werde ich mich fühlen wie ein General, ja, wie ein General.« Und wenig später lachte er dann, schob alles unwirsch beiseite und steckte sich eine Papyrossy an. Die Art, wie er zuvor mit seinen kurzen, plumpen Fingern das kleine Pappröhrchen einknickte, zeigte mir seine vollkommene Überlegenheit. In seiner Armut war er hier ein König.

Natürlich sahen meine Eltern diese Freundschaft mit wachsendem Unmut. Es mißfiel ihnen, den Sohn, der vielleicht einmal ein Geistlicher oder wenigstens ein Beamter in Preußens Staat werden sollte, in so ungeratener Gesellschaft zu sehen. Der Umgang war schlecht. Wanja war ihnen fremd und unheimlich. Wir sind nun schon neunzehn und stehen kurz vor dem Abitur. Er ist etwas größer und breiter geworden, hat schon den Anflug eines kleinen und wilden Schnurrbartes um die Lippen und ist noch immer ungekämmt und pelzig im Nacken. Wir sind in meinem Zimmer, das hell und fade und farblos ist. Ich lese ihm Nietzsche vor und Hölderlin und versuche, mit den hilflosen Gebärden des Idealismus ihm meine eigene, verstiegene Bürgerwelt deutlich zu machen. Ich spreche von Zarathustra und vom Übermenschen und daß wir uns alle über uns selber hinaus entwickeln müßten – auf eine ferne und letzte Möglichkeit hin. Auch Rilke ist da im Spiel.

Wanja hockt auf dem Fußboden, er mag keine Stühle. Er raucht aus einer selbstgeschnitzten Pfeife ein billiges Kraut und starrt stumm vor sich hin. Er trägt jetzt einen blauen Russenkittel und derbe braune Hosen, die in einer Art selbstgeschusterter Schaftstiefel stecken. Er raucht nur und schweigt und spuckt manchmal vor sich hin, und in diesem Spucken wird mir meine Hoffnungslosigkeit jäh offenbar. Es ist alles so sinnlos und leer. Was rede ich da? In meinen Worten ist Ohnmacht. Ich lasse Hyperion und Zarathustra fallen, gehe ans Fenster und höre, wie Wanja das Lied zu summen beginnt. Er summt tief und schwermütig das Lied von damals ». . . ja, werde ich mich fühlen wie ein General«. Ich spüre eine dunkle Qual in mir, eine schreckliche Wut. Ich sehe auf die Eichkamper Straßen: alles Sackgassen, alles Irrtümer, alles Fehlwege, auch wenn man sie mit Hölderlin und Nietzsche ausschmückt. Eichkamps Straßen führen alle ins Nichts, hier ist kein Leben, und ich beginne plötzlich, Wanja zu hassen. Ich hasse ihn, er macht mich so hilflos und ohnmächtig und ist mir so überlegen. Ich laufe weg, laufe die Treppe hinunter. Meine Mutter steht unten in der Küche am Herd und rührt in einer schlesischen Suppe und sagt: »Muß das denn sein, daß du ihn immer hierherbringst? Er soll doch ein Halbjude sein. Mein Gott, Junge, du wirst uns noch alle ins Unglück stürzen.«

Das Unglück begann schön und geheimnisvoll, und eigentlich war es nur Wanjas Unglück – es betraf mich nur am Rande. Wir sind jetzt zwanzig. Wir haben Herrn Focken und Walter Flex längst überstanden, die Schule ist aus. Das Leben, auf das wir so lange und umständlich vorbereitet werden, beginnt nun: Nicht für die Schule, für das Leben lernen wir. Mein Leben ging damals steil empor. Wie alle Deutschen wollte ich hoch hinaus. Ich begann ein Studium der Philosophie, las Kant und Hölderlin und Nietzsche, und des Abends besuchte ich heimlich Wanja, den ich haßte und den ich liebte und von dem ich nicht freikam. Nicht für die Schule, für das Leben lernen wir.

Wanja hat sich seit unserem Abitur geändert. Er ist ernster, verschwiegener geworden. Ein Zug von Verschlossenheit liegt in seinem Gesicht, und als ich eines Abends, es ist April 39, bei ihm klingle, weiß ich mit einemmal: Die Zeit der Kindheit ist vorbei.

Es ist still in seiner Wohnung. In seinem Zimmer brennen Kerzen, und wie früher liegt alles auf eine abenteuerliche Weise bunt auf dem Boden. Aber eine Frau ist dabei; sie hockt auf der Matratze im Halbdunkel, und ich erkenne sie erst nach einer Weile an dem Zigarettenrauch, der über der Matratze langsam nach oben zieht. Und Wanja sagt: »Das ist Anni Korn«, und zu ihr sagt er: »Das ist er also, Musch, sieh ihn dir an!«

Und dann gab es später ein langes Abendessen, das Anni Korn hinter den abenteuerlichen Vorhängen im Flur geheimnisvoll zubereitete. Es war ein fremdartiges und scharfes Zeug, das mir lange auf der Zunge brannte, Kuskus oder so ähnlich mit viel Knoblauch und Pfeffer, dazu gab es Wodka und Papyrossy, und Anni Korn las später etwas von Gorkij vor. Sie ist blond und mager, hat einen scharfen Zug zwischen Mund und Nase und wirkt eigentlich viel älter. Sicher ist sie schon dreißig. Wanja ist in ihrer Gegenwart stiller und nicht mehr so bestimmt. Sie übt irgendwie Macht über ihn aus, die ich nicht kenne. Es gibt da ein Band zwischen ihnen, das ich sehe und doch nicht begreifen kann, ein Band stiller, verschwiegener Vertrautheit, das man an all ihren Regungen spürt und das mich ausschließt und einfach draußen läßt. Etwas wie Enttäuschung und Eifersucht ist in mir.

Schließlich, es ist schon nach Mitternacht, legt sie plötzlich das Buch weg, holt hinter dem Kopfkissen eine Aktentasche vor, hockt sich im Türkensitz auf die Matratze, zündet sich wieder eine Papyrossy an, sieht mich plötzlich scharf an, atmet den Zigarettenrauch tief ein und läßt ihn stoßartig und scharf wieder aus dem Mund kommen und sagt dann ins Dunkel hinein: »Nicht wahr, Sie werden jetzt mit uns arbeiten? Sie sind doch einer von uns?« Und ich verstehe das nicht, weiß gar nicht, was sie meint und was sie hier will, und blicke hilflos zu Wanja hinüber und höre Wanja sagen: »Natürlich wirst du jetzt für uns arbeiten. Nur bitte frage nicht viel.«

Auf solche Weise geriet ich im Frühjahr 39 – das Protektorat Böhmen und Mähren war eben ins Reich heimgekehrt – in eine illegale Gruppe, die mitten in Deutschland und mitten im Dritten Reich gegen Hitler arbeitete. Ich war sehr erstaunt. Ich habe sie niemals gesucht, ich habe sie niemals gefragt, ich bin niemals ein Held gewesen, ich rutschte so rein. Ich haßte diesen Staat, aber daß man gegen ihn etwas tun könne, wäre mir nie in den Sinn gekommen. Was von oben kam, kam doch immer von oben, war Schicksal, Fügung oder Gnade, es war auf jeden Fall immer verhängt, wie es uns Herr Focken von den Helden Griechenlands erzählt hatte: O Zeus und Demeter, o Proteus und Glaukos, in euch ist die Moira; alles ist Schicksal – wißt ihr das nicht? Nie hätte ich gedacht, daß man gegen Hitler etwas tun könne; nie hätte ich geglaubt, daß er kein Schicksal wäre. Er war doch so groß wie die Götter Griechenlands und noch viel mächtiger.

Aber ich nahm doch die Briefe, die Anni Korn später aus der Aktentasche auspackte. Sie waren sorgsam verschlossen und verschnürt, es waren zwölf oder dreizehn Briefe. Die Kuverts waren hellgrün, waren fest verschlossen und zeigten keine Aufschrift. Sie hatten kleine Num-

mern an der Stelle, wo sonst die Briefmarken hinkom-
men; die Nummern mußte ich später wieder ausradieren.
Und ich nahm die Liste, die sie mir gab, und trug die
Briefe in den nächsten Tagen nach dieser Liste aus und
radierte die Nummern sorgfältig aus und sah so viele
fremde Häuser. Berlin ist so groß und weit wie die Welt
und hat so viele Haustüren wie die Welt. Man kann da
sein ganzes Leben lang Briefe austragen. Es war wohl so
eine Art Kurierdienst, für den sie mich ausersehen hatten.
Und später begann dann die Sache mit den Flugblättern,
die uns allen ganz rasch das Genick brach. Wir wurden
eines Tages alle verhaftet.

Erst zwei Jahre später habe ich Wanja wiedergesehen.
Das war vor dem Volksgerichtshof in Berlin, Bellevuestraße 3, wo seit vielen Jahren in vielen Stockwerken viele
Prozesse gegen Hochverräter stattfanden – unserer war
im dritten Stock. Es ist längst Krieg. Polen, Holland,
Belgien und Frankreich sind niedergeworfen. Es ist Frühjahr 41, und durch unser Land geht ein letzter Taumel
von Sieg und Begeisterung. Deutschland ist wie ein Süch-
tiger, der gleich zusammenbrechen wird, der gleich ein
Häuflein Elend sein wird, aber jetzt hat es noch einmal
die Kanüle drin, fühlt noch einmal den rasenden Rausch
der Macht. Es hat so viel Blitzfeldzüge gegeben, Orgas-
men des Krieges; sie sind wie berauscht von diesem
Glück, stahlhart und berauscht. Sie sagen, es gehe jetzt
gegen England, und haben auch schon ein Lied für die
Überfahrt; alle sagen, jetzt gehe es endlich gegen England, und niemand denkt an Rußland, mit dem wir verbündet sind. Ganz Deutschland ist voller Fahnen, voller
Helden und Uniformen, die, wie man so sagt, ruhmbe-
deckt sind. Der Krieg ist eine ungeheure Siegestrophäe,
die sich quer durch Europa zieht. Deutschland liegt wie
eine Kriegswolke quer über dem Kontinent und baut nun
das neue Europa germanischer Herrlichkeit. Auch hier in

der Bellevuestraße ist Krieg: Krieg an der Heimatfront, Krieg gegen die Verräter, die Spione und Saboteure, und ich betrete den großen Sitzungssaal des Volksgerichtshofes im dritten Stock, blutrote Farben schlagen mir entgegen, Fahnen, Farben, Uniformen. Auch ich bin uniformiert, trage die Uniform unserer Fallschirmjäger, bin ein deutscher Gefreiter aus Frankreich, der hier als Zeuge gegen Wanja aussagen soll. Sie haben mich aus Caen direkt hierherbefohlen.

Wanja, wie soll ich diesen Augenblick je vergessen? Wo bist du? Ich finde dich nicht. Ich sehe nur blutrote Fahnen und viele Uniformen im Saal. Vorn, an der Wand vor dem Richtertisch, ist ein mächtiges Fahnentuch ausgespannt, wohl fünfzehn oder zwanzig Meter lang. Darauf schwebt ein silberner Hoheitsadler schmal und scharf. Darunter sitzen zwölf Männer an einem langen Tisch, der auch in rotes Tuch geschlagen ist, und drei von den Männern sind in Zivil. Die zwölf sind die Richter, so höre ich, und die drei sind sogar Juristen, heißt es; die andern sind Volk, das zu richten hat. Links und rechts im Saal sind wie in einem Theaterparkett breite Sesselreihen aufgebaut: Da sitzen Partei und Wehrmacht, die Herren der inneren Führung, die solche Prozesse täglich zu besuchen haben, um die Technik und Tücke des Gegners frühzeitig zu erlernen. Sie sollen das Volk gegen Volksfeinde schützen. Sie bekommen ein Stück vorgeführt, das heißt: Wanja und seine Freundin Anni. Das Stück begann in der Westfälischen Straße. Es ist eine eisige Atmosphäre hier: ein Staatstheater der Macht. Das Stück heißt: Wanja und seine Freundin, heißt Lothar Killmer und Anni Korn. Ein Staatstheater der Macht, wo alles schweigt und den Kopf senkt und starr vor sich hin sieht und nur einer schreit. Sie nennen das hier Verhandlung.

Und da entdecke ich ihn endlich: Er sitzt klein und bleich und zusammengesackt in einer seitlichen Bank, und die Frau neben ihm muß wohl Anni Korn sein. Sie sind nach zwei Jahren Haft kaum wiederzuerkennen, so klein und weiß und stumm sind sie geworden. Ihre Köpfe sind geschrumpft und heben sich aus der Ferne wie weiße Mäuse blaß vor grünem Hintergrund ab. Lauter Grüne stehen dicht hinter ihnen. Wanja und Anni sind aneinandergefesselt, und beide zusammen sind wieder an die Grünen gefesselt. Sie haben meine Kindheit in Eisen gelegt, sie haben den törichten Traum meiner Jugend in Handschellen gelegt: Da schießt was zusammen, da schnappt etwas ein, was draußen immer getrennt bleiben wird. Da sitzt mein Diabolos, da sitzt mein Stück Wahnsinn und regt sich nicht mehr. Sie haben ihn gefangen, und ich stehe auf der Seite der Freien, der Sieger, bin einer von ihnen, trage ihre Uniform und ihr Hoheitszeichen; ich bin immer so ängstlich und gescheit und vorsichtig gewesen und fühle mich nun ziemlich kläglich.

Mein Gott, es hat mir immer an deiner Kraft und deinem Wahnsinn gefehlt, Wanja. Du hast nein gesagt und ich ja. Das ist eine wahnsinnige Welt geworden: Ja oder nein, jetzt sind wir alle in diesem Knäuel verfangen. Die einen töten, und die anderen werden getötet, die einen richten, und die anderen werden gerichtet. Das ist eine wirre und entsetzliche Welt geworden: ja oder nein, oder nein oder ja. Wir hängen da alle jetzt drinnen. Die Welt ist in zwei Lager geteilt; es gibt nur noch Verfolger und Verfolgte auf dieser Welt. Ja oder nein, darin sind wir alle gefangen.

Wie erzähle ich diese Geschichte nun weiter? Wo setz' ich jetzt ein? Geschichten, die das Leben schrieb, sind schwer zu erzählen. Sie sind so direkt. Ich müßte nun wohl von der Heimkehr aus Prag erzählen, wie ich zurückkam nach Frankreich mit nichts als diesem Namen im Sinn. Er war eine Vermutung und mehr und ließ mir keine Ruhe. Ich dachte: Ein Name, was will das schon sagen, ein Name, nach zwanzig Jahren in Prag in der

Zeitung gelesen, es gibt so viele Namen auf dieser Welt, ein Name muß gar nichts besagen. Und dann dachte ich wieder: Vielleicht, es könnte ja sein, es könnte zufällig ja tatsächlich sein. Wer weiß das in dieser wahnsinnigen Welt? Der Name ließ mir keine Ruhe. Ich schrieb also eines Tages an ›Neues Deutschland‹, ich fragte, ob dieser Nahostkorrespondent aus Kairo vielleicht derjenige sei. Es könne ja sein, wenn man bedenkt, wie das Leben so spielt. Und nach vier oder fünf Wochen kam tatsächlich eine Antwort aus Ost-Berlin, und ›Neues Deutschland‹ teilte mir auf grauem, amtlichem Papier mit, er sei es, er sei es in der Tat, wenn meine Angaben stimmten. Man würde das prüfen. Und später – nach der Prüfung – schrieben sie, sie könnten mir leider seine Adresse in Kairo nicht mitteilen, denn ihre Korrespondenten seien immer viel auf Reisen, aber ich könnte ja direkt an ›Neues Deutschland‹ schreiben oder noch besser zu ihnen kommen; man würde in ihrem Hause alte Antifaschisten immer begrüßen.

Dann gab es ein langes Hin und Her, das sich über ein halbes Jahr erstreckte. Der Fall war inzwischen geklärt, und auch Wanja hatte mich bei seinem Blatt ausgewiesen. Nach einer längeren Pause schrieben sie kurz vor Weihnachten, ich solle nun kommen, denn jetzt würde er auch kommen. In der Tat arrangiert ›Neues Deutschland‹ zwischen Heiligabend und Neujahr immer ein großes Korrespondententreffen. Da werden die Volkskorrespondenten dem Volk vorgeführt und müssen in Dresden und Weimar und Rostock dem Volke Rede und Antwort stehen. Das ist so eine Festtagsidee des Sozialismus, ein Geschenk von ›Neues Deutschland‹ an das Volk und seine Korrespondenten – es sollte auch mir jetzt zugute kommen.

Ich traf mich also mit Wanja. Es war Weihnachten 64. Es war ein bewegendes und schmerzliches Wiedersehen – ich hätte es niemals tun sollen. Unsere Träume sind nicht einzuholen. Wir trafen uns nicht im Hause von ›Neues Deutschland‹; dies war mir einfach zu stramm und amtlich für Weihnachtstage. Ich traf mich mit ihm im Pressecafé am Bahnhof Friedrichstraße, wo alle Besucher aus dem Westen, die glauben, geistig etwas auf sich halten zu müssen, gelegentlich einkehren. Das ist so ein Zentrum der Intelligenz oder auch der Kulturschaffenden, wie man dort sagt; ich habe die Sprache des Fortschritts nie ganz begriffen.

Ich saß eine ganze Weile allein an dem kleinen Tisch, der an das Café Kranzler oder Zuntz in den dreißiger Jahren erinnerte. Die Tische sind da glasschwer und stocksteif wie alles Gemütliche im Preußen der dreißiger Jahre; selbst die Speisekarten unter Glas, hochstielig und unten schwer versilbert, versprechen zu den Preisen der dreißiger Jahre alte Genüsse. Es ist alles sehr ordentlich.

Ich hatte einen Tee mit etwas Zitrone bestellt. Sie sagten, es gäbe keine Zitrone zum Tee, und sagten es, wie wenn ich etwas Gehässiges gefordert hätte. Später kam eine Frau an den Tisch, eine alte Dame mit dem Gesicht einer norddeutschen Oma, die einmal bessere Tage gesehen hatte. Die alte Dame begann mit viel feinem Aufwand Kaffee zu trinken, und weil sie offenbar auch so gehässig gefragt hatte, wurde ihr beschieden, es gäbe keine Sahne, es gäbe genug Kondensmilch in der Deutschen Demokratischen Republik. Das alles sind zugegebenermaßen Banalitäten, und sie sollten einem Menschen, der das mit Wanja und Hitler und dem Volksgerichtshof hinter sich hat, kein Wort wert sein. Mich vergrämt nur dieser Ton, in dem sie das sagen. Sie fühlen sich im Neuen Deutschland immer gleich provoziert und haben so eine spitze und prinzipielle Art der Zurechtweisung, die bis auf Karl Marx zurück will, mich aber immer nur an unbefriedigte Frauen erinnert: an Ordensschwestern im Krankenhaus oder englische Gouvernanten. Man wird da immer belehrt und zurechtgewiesen. Ich mag das nicht.

Die alte Dame, die mir wohl ansah, daß ich aus dem Westen kam, begann nach einiger Zeit ein Gespräch. Ihr Blick lag forschend auf mir. Natürlich begann das Gespräch mit der Sahne und ging von da auf die Kondensmilch über und von der Kondensmilch auf den Zucker, handgreifliche Dinge, in denen sich alte Frauen besser auskennen als unsereiner. Sie lobte den Zucker, weil er aus Kuba sei, aber sicher hätten wir besseren Zucker, alles sei bei uns ja besser.

Sie sah mich dabei prüfend, mißtrauisch und erwartungsvoll an und war richtig enttäuscht, als ich sagte: Nein, alles sei bei uns nicht besser, so könne man es auch nicht sehen. Und dann kam sie langsam ins Erzählen, rutschte so richtig in ihre eigenen Erinnerungen hinein; es war wie eine lange versunkene Zeit, die sie aus einem Dorf bei Rostock mitbrachte. Es ging um die Kartoffeleinlagerung für den Winter und daß sie ihr drei Zentner wieder aus dem Keller herausgeholt hätten, obwohl doch alles ganz amtlich zugeteilt und so schön dunkel im Keller gelegen habe. Und überhaupt, was sie so mit ihnen machten: auf Fleischmarken Hering und fünfundzwanzig Gramm Butter am Tag. Na ja, lenkte sie nach einer Pause wie selbstbeschwichtigend ein, Berlin hier, das sei ja schon wie ein Paradies, das müsse man sagen.

Und während die Frau nach einer Pause wieder neu ansetzte und richtig aufblühte, am zweiten Weihnachtsfeiertag im Pressecafé an der Friedrichstraße einen gefunden zu haben, der all ihren Geschichten wie skurrilen Sagen aus einem fernen Land lauschte und nur dann und wann den Kopf schüttelte – da trat plötzlich Wanja ein. Ich erkannte ihn sofort an seiner gedrungenen Gestalt und dem Leberfleck am Hals, und ich erschrak. Ich fühlte plötzlich Angst vor dem Wahnsinn des Wiedersehens. Eine Sekunde denke ich: Nein, nur das nicht, es ist falsch, das geht nicht, das geht einfach nicht, daß wir so tun, als seien nur dreiundzwanzig Jahre zwischen uns, zwischen

uns sind Jahrhunderte. Wie soll man Jahrhunderte über-
brücken?

Aber es ist nicht mehr aufzuhalten, auch er muß mich
erkannt haben, Wanja war immer so sicher. Er steuert
direkt auf mich zu. Die Frau neben mir hält plötzlich
erstaunt den Mund offen und blickt etwas verängstigt
und ratlos zu uns auf. Ich habe mich erhoben, und nun
stehen wir beide da und schütteln uns wie alte Kumpane
die Hände und lachen dazu und versuchen eine etwas
hilflose und peinliche Gebärde der Umarmung mit Bru-
derkuß, wie man das aus den sozialistischen Staatsemp-
fängen kennt. Das sind so die bewährten Gebärden des
Wiedersehens, die Zeichensprache des Leibes, die über
die Sekunden der Sprachlosigkeit hinweghelfen soll.

Womit soll man nun anfangen, was soll man sagen, und
was ist jetzt zuerst wichtig? Was soll denn nach dreiundzwanzig Jahren am wichtigsten sein? Und meistens
macht man es falsch, verhaspelt sich mit irgend etwas
Nebensächlichem, sagt etwas ganz Banales, sagt etwas
über die Garderobenmarke, über das Wetter draußen
oder über die Bedienung, die man gleich rufen wolle.
Lauter Verlegenheiten, lauter Ausflüchte. Am besten,
man beginnt einfach mit dem Körper und sagt: Du hast
dich ja kaum verändert, Wanja, und denkt: Eigentlich
war er doch anders. Man sagt: Ich habe dich gleich an der
Tür erkannt, Wanja, und denkt: Was ist nur mit ihm? Er
sieht so brav und bürgerlich aus. Das Geheimnis ist von
ihm gewichen. Man sagt: Du hast dich ja prächtig heraus-
gemacht, Wanja, und denkt: Was ist nur mit ihm? Der
Wahnsinn ist weg. Er trägt jetzt einen faden grauen Stra-
ßenanzug, hat die Haare sauber gescheitelt, und hinten ist
kein Pelz mehr. Er sitzt nun wie alle auf hohen Stühlen.
Er sieht einfach wie jedermann aus, nur trägt er viele
Abzeichen auf dem Jackett, silberne, rote und gespren-
kelte Plaketten, die mir gar nichts besagen. »Wie geht es
dir denn jetzt?« frage ich schließlich gequält. Es ist eine

ziemlich abscheuliche Frage nach dreiundzwanzig Jahren
Hitler und Ulbricht, die nur eine ähnlich abscheuliche
Antwort hervorrufen kann. Wanja sagt: »Sehr gut, mein
Lieber. Es geht uns allen sehr gut hier, wie du siehst. Und
dir?«

Glücklicherweise kamen wir bald überein, das Café zu
verlassen. Es war hier alles so eng, steif und schwer; es
ging einfach nicht. Draußen hatte es zu schneien begonnen. Die Friedrichstraße lag weiß und leer vor uns. Ein
paar altmodische Autos surrten in Richtung Linden. Vor
einem niedrigen Haus ein Plakat, das zu einer Kunstaus-
stellung der Inneren Mongolei einlud. Eine ferne, fremde,
kalte Welt. Ein scharfer Wind blies über die Spree. »Als
wir früher hier gingen, Wanja, weißt du noch?« sage ich.
»Mein Gott, was war das hier ein verrücktes Zentrum,
die Friedrichstraße rund um den Bahnhof: lauter kleine
Schieber und Zuhälter, lauter Mädchen und Strichjungen
und auf jedem Quadratmeter ein Laden – Krawatten, Da-
menunterwäsche, Brillanten, Wettbüros und Würstchen-
buden. Das war eine heiße Ecke hier, weißt du noch?«
Wanja scheint kaum zuzuhören. Er zuckt nur mit den
Achseln, schiebt mit den Schuhen etwas Schnee vor sich
her und schweigt. Wir gingen durch die Dorotheenstraße
hinauf zur Universität, vorbei an der Staatsbibliothek. Es
war ein verlegenes und zielloses Gehen – wohin? Wir
suchten den Weg zurück.

»Nun erzähl doch«, sagte ich. »Was?« sagt er, »was
soll ich erzählen?« – »Was damals mit dir geschah.« –
»Was, damals?« – »Na, damals vor dem Volksgerichtshof; ich durfte doch bei der Urteilsverkündung nicht dabeisein.«

Wanja macht eine wegwerfende Handbewegung und
zuckt wieder mit den Schultern. Dann sagt er: »Fünf
Jahre.« – »Hm«, sage ich, »ganz schön. Fünf Jahre was?« –
»Z«, sagt er, einfach Z, und ich erinnere mich, daß die
Sprache der Gefangenen darunter Zuchthaus versteht. Er

hatte also im Zuchthaus gesessen und begann nun so langsam, sich zu erinnern, begann so langsam seine Geschichte zu erzählen; es war eine ziemlich schreckliche Geschichte aus unserer Zeit. Er hatte wegen Hochverrats fünf Jahre Zuchthaus bekommen und Anni Korn fünfzehn. Nein, so schrecklich sei das auch wieder nicht gewesen. Man sei damals auf hohe Zuchthausstrafen richtig begierig gewesen, denn solange man damals in den Händen der Justiz war, war man sicher vor dem Konzentrationslager. Das habe ihnen beiden das Leben gerettet. Sie seien dann 45 von der Roten Armee befreit worden und hätten sich gleich am Aufbau beteiligt. Und dann hätten sie beide in Leipzig Gesellschaftswissenschaft studiert, hätten geheiratet und seien dann später in die Redaktion von ›Neues Deutschland‹ eingetreten. Und seit zwei Jahren habe er jetzt die Ehre, sein Blatt in Kairo zu vertreten. Er sagte wirklich: die Ehre.

Wanja war also ein Kommunist geworden. Ich sage das ohne jeden Unterton der Verdächtigung, des Abscheus oder jener arroganten Verteufelung, die das Wort bei uns heute angenommen hat. Ich sage einfach, was war. Er war aus dem Reich Hitlers in das der Sowjets gefallen. Für ihn war die Rote Armee die Befreierin, die Partei die große, späte Erzieherin geworden. Es muß wohl so etwas wie eine Erziehung durch die deutsche Geschichte gewesen sein: erst die Westfälische Straße, dann Hitler, dann das Zuchthaus und dann der neue Anfang der Russen – die Rote Armee als Vater und die Partei als Mutter. Er hatte ja nie ein richtiges Elternhaus gehabt. Jetzt schwor er auf die, die sich seiner angenommen hatten: Wanja war also ein Sohn der Sowjets geworden. Er hing mit der Inbrunst später Bekehrung am Kommunismus. 1947 war er in die SED eingetreten und besaß nun eine Wahrheit, die er mit verbissenem Eifer verfocht. Er war ein gläubiger Marxist. Die Last seiner Jugend wollte sich anders nicht lösen. Er wollte überleben und hatte den einfachen und klaren Weg gewählt: Der neue Staat war das Elternhaus; ihm war er verschworen. Jetzt war er der Hörige, und ich konnte ihm nicht mehr folgen.

In diesen Weihnachtstagen sind wir noch zweimal in Ost-Berlin zusammengekommen. Es waren vergebliche Versuche; es ging immer mühsamer zwischen uns. Im Grunde hatten wir uns nichts mehr zu sagen. Es war nicht sein neuer Glaube. Mit richtigen Marxisten kann man wunderbar streiten; es war das Banale und Hörige seines Glaubens, es war alles so platt, es war ein beschränkter und kleinkarierter Sozialismus, es wirkte alles so plump und unreflektiert und wie von Spruchbändern abgelesen. Es war jener aufgesetzte und verkrampfte Kommunismus, der genau zu diesem verkrampften Neuen Deutschland paßte. Wanja war einfach ein Sprecher der Agitation und Propaganda und ersetzte Vernunft durch Treue und Argumente durch Begeisterung. Er sagte: »Die Rote Fahne liegt auf dem Mond!« Und ich sagte: »Ganz schön, Wanja, aber hier in Ost-Berlin wäre auch einiges zu tun. Die Häuser sind ziemlich schäbig – nach zwanzig Jahren.« Er hörte nicht zu, sondern sagte: »Weißt du, was das heißt? Der Mond ist ein sowjetischer Trabant geworden. Die Sterne kreisen um den Kommunismus.« Und später dann sprach er vom Imperialismus und Revanchismus, von Kopfjägern und Agentensumpf und warum ich nicht zu ihnen käme; sie seien das Deutschland der Zukunft.

Es war ziemlich schrecklich, was er da sagte, es war alles so platt wie aus dem Radio, daß ich schwieg. Ich schwieg immer mehr. Nur als er zum Abschluß sagte, wir standen unten im S-Bahnhof Friedrichstraße, und ich war voll Trauer: »Du kannst mir glauben: Der Sozialismus siegt!«, da sagte ich etwas ironisch und wußte, was ich da sagte: »Na gut, Wanja, dann siegt mal schön« – und habe ihn niemals wiedergesehen.

Die Zeit, die Zeit, wie sie alles verfärbt, vergilbt, verdunkelt und langsam versenkt: Herrn Focken und Walter Flex, deine Balalaika und all die Briefe – selbst die Frau im Pressecafé ist beinah vergessen. Die Zeit, sagt man, heilt alle Wunden. Aber ist es wirklich so? Schlägt sie uns nicht neue Wunden, die niemals verheilen? Sie deckt alles nur zu wie eine Mutter mit ihrer Schürze, und eines Tages sind wir groß, die Mutter ist weg, die Schürze ist abgezogen, und alles ist wieder da: riesengroß. Mein Gott, ich bin doch kein Kind mehr, das das Wunder sucht. Mein Gott, ich bin doch kein Jüngling mehr, der den Wahnsinn liebt. Es ist aus mit Hölderlin und Nietzsche in Eichkamp. Ich bin nun ein Mann mit seinen Erinnerungen, seinen Absonderlichkeiten, seinem Hochmut, seinen Whiskyfläschchen und seinen späten Neurosen und kann es nicht begreifen, daß es so mit uns kommen mußte.

Wanja, es ist aus zwischen uns – natürlich. Es ist aus für immer. Ich frage dich: Was hat uns so fremd gemacht? Was war es denn? Wir lernten doch einmal in Berlin zusammen auf derselben Schulbank dieselbe Grammatik. Ich glaube, es ist einfach die Zeit. Wanja, diese verrückte, größenwahnsinnige Zeit, die uns fraß und wieder erbrach und an fremde Ufer spuckte. Nun riechen wir beide ziemlich abscheulich nach Zeit: Du riechst nach dem Osten und ich nach dem Westen. Die Zeit hat uns eben so ausgespuckt. Wir wurden von geschlagenen und ratlosen Vätern gezeugt, und unsere Mütter waren verlegen und ohne Liebe. So etwas hängt an, geht mit ein, wird selber Schicksal. Ratlosigkeit, Leere, Verlegenheit war meine Jugend und deine ein verrückter kurzer Traum. Sie haben uns einfach nichts mitgegeben, was gegen die Zeit standhielte: Es waren alles nur Illusionen und Träume; die Zeit hatte da ihr leichtes Spiel.

Wanja, wir sind eine verpfuschte Generation. Wir hatten kein richtiges Elternhaus. So hast du dir die Partei zur

Mutter und die Rote Armee zum Vater gewählt, und ich habe so gar nichts als meine Erinnerungen, meine Ironie und meine späten Neurosen. Ich sitze hier in Frankfurt und schreibe für den Westen – natürlich. Und du sitzt in Kairo und schreibst für den Osten – natürlich. Ist das denn wirklich natürlich? Das ist ja eine abscheuliche Geschichte: so eine richtige Kitschgeschichte und Romanze der deutschen Teilung – gesamtdeutscher Schmus. Man kann das niemandem mehr anbieten. Warum schreibt das Leben so schlechte Geschichten? Zwei Schuljungens aus Berlin, die einmal gegen Herrn Focken und gegen Hitler zusammenhielten und dann im großen Krieg der Deutschen auseinandergewalzt wurden wie Deutschland – sie konnten zueinander nicht kommen.

Die Verhaftung

Nichts geht mir über Erbsenbrei. Erbsenbrei ist meine Lieblingsspeise. Man kann ihn mit Speck, mit Dörrfleisch, mit Schweinskopf oder einfach mit Bockwurst servieren – es ist immer gleich zuverlässig: eine ehrliche deutsche Speise, die dem Magen das Gefühl, etwas Solides bekommen zu haben, spürbar vermittelt. Der ganze Leib wird warm und fest davon. Etwas flüssiger heißt es Erbsensuppe und ist noch heute einen Gang zu Aschinger wert. Schon damals war es eine Berliner Berühmtheit: Löffelerbsen mit Speck und viele kleine Brötchen dazu; das kostete fünfundvierzig Pfennige und galt auch im Eintopf damals als eine ehrliche deutsche Speise. Etwas fester heißt es Erbsenpüree und eignet sich mit Zwiebeln und Sauerkraut vortrefflich für kalte Wintertage.

Es war kein kalter Wintertag, es war Dezember, ich aß Erbsenbrei; ich machte meinen Leib warm und fest mit dieser ehrlichen Speise. Ich saß in unserem Eßzimmer an dem schweren, viereckigen Tisch, der seit dem Tode Ursulas wieder bescheiden zusammengeschoben war. Es war ein Tag wie jeder andere: Freitag abend so kurz vor acht. Am Nachmittag hatte ich in der Universität ein Seminar über Plato gehabt; man hatte das Verhältnis des Wahren zum Schönen sokratisch bedacht. Ich studierte schon seit zwei Semestern Unter den Linden Philosophie. Ich hatte in letzter Zeit viel von den Antinomien und Aporien gehört, nicht nur bei Plato. Meine Eltern hätten es nicht verstanden; sie hatten mir aber das Essen im Ofen warm gehalten.

Es war kalt auf dem Bahnhof Friedrichstraße gewesen; zugig und kalt. Ich war verfroren. Berlin war damals sehr dunkel und kalt. Die Lichter der großen Stadt waren seit drei Monaten verloschen; es war Krieg. Zu Hause aber merkte man wenig davon. Ich aß Erbsen mit Speck, aufgewärmt aus dem Ofen. Dick und heiß dampfte die Mahlzeit vor mir. Sie war graugelb und schmeckte ein wenig nach Ofen, und unsere schwarze Standuhr schlug eben acht. Meine Eltern saßen nebenan, Weihnachtliches im Herrenzimmer besprechend. Es sollte unser erstes Kriegsweihnachten werden. Fröhliche Weihnacht im deutschen Abwehrkampf – vieles war da zu bedenken.

Da schepperte plötzlich unsere Klingel. Es war verwunderlich, zu dieser Stunde unsere Klingel zu hören. Acht Uhr war bei uns schon sehr spät und gar nicht mehr weit vom Zu-Bett-Gehen entfernt. »Ich geh schon!« rief mein Vater mit heller Stimme von nebenan und deutete damit an, daß er die ungewöhnliche Situation fest in die Hand nehmen wolle. Ich hörte ihn durch den Flur gehen, mit dem Schlüsselbund hantieren, unser Sicherheitsschloß öffnen und draußen mit jemandem reden. Mein Kopf war voll Plato, mein Gaumen ganz voll Erbsenbrei, da höre ich meinen Vater plötzlich einen unterdrückten Schrei ausstoßen, er kommt durch den Flur, reißt die Eßzimmertür auf. Er zeigt jetzt das große, verängstigte Gesicht, diese verstörten Kinderaugen aller Staatsbeamten, steht zitternd und fragend vor mir und sagt gar nichts, sagt nur mit diesen Augen: Ein Mensch in Not.

Und ich lege wie ein Arbeiter in der Baracke den Löffel auf den Tisch, erhebe mich langsam, bin schlaksig und viel zu lang geraten für dieses Haus und denke: Was soll denn schon sein um acht Uhr im Advent, wenn man Abendbrot ißt? Ich gehe durch den Flur und sehe plötzlich in unserer Haustür Franz Bradtke stehen. Weiße Schneeluft wirbelt aus dem Dunkel herein. Herr Bradtke steht stramm und steif wie ein grüner Zinnsoldat in unserer Tür. Ich kenne ihn seit meiner Kindheit. Er ist ein ruhiger, schwerfälliger Mann mit braunem Schnauzbart, ein richtiger Dorfgendarm, zu dem man als Kind aufblicken konnte wie zu Gottvater. Aber jetzt hat Herr Bradtke ganz amtlich den hohen, blitzenden Helm aller Berliner Schupos auf, hat das Sturmband über das Kinn gezogen. Wichtigkeit strömt von ihm aus, er ist sichtbar im Dienst. Neben ihm röchelt an einem dicken Ledergurt ein hellbrauner Schäferhund. Sie stehen beide fast überlebensgroß und glitzernd von Schnee wie fürchterliche Märchenfiguren in unserer Haustür; sie drohen fast unser kleines Haus umzuwerfen, und ich höre Herrn Bradtke, der vor wenigen Jahren zu mir noch du sagte, du Lümmel und so, plötzlich mit einer fremden, verstellten Stimme schnarren: »Mitkommen, Sie!« Und nach einer Weile, wo ich ihn nur angestarrt habe, wiederholte er mit größerer Amtlichkeit: »Los, kommen Sie mit, junger Mann!« Mehr sagte er nicht.

So begann das Ende unserer Eichkamper Familie, so rasch zerfällt Familie, das unzerstörbare Fundament unserer sittlichen Weltordnung. An diesem Freitagabend im Jahr 39 wurde eine deutsche Familie rückgängig gemacht, die seit 1914, seit dem Tage des Kriegsausbruchs am 1. August, zäh und verbissen gegen alles Zerstörerische und Zersetzende in unserem Land angekämpft hatte. Sie holten das letzte Kind. Das Haus war leer. Und während ich Herrn Bradtke erstaunt und ratlos ansah und meine Mutter aus dem Herrenzimmer rufen hörte: »Was ist? Ich bin nicht da!«, wußte ich sofort: Du mußt jetzt mit ihm gehen.

Ich ging zurück in den Flur, griff meinen Mantel, suchte nach den Handschuhen und einem Taschentuch, weil mir der Mund noch voll Erbsenbrei war, und dachte: Liebe Eltern! Jetzt ist es also soweit. Sie kommen mich holen. Es ist aus mit euren Träumen, die Zeit der schönen Lügen ist vorbei. Euer Sohn geht jetzt weg. Ich weiß, ihr habt das nicht verdient. Ich wäre gern geworden, wie ihr das hofftet: ein Beamter vielleicht, ein braver deutscher Bürger, so mit Kindern und einer schönen Frau und einem richtigen Amt in der Stadt, das man sehen kann. Ihr hättet das wohl verdient. Aber so ist es nicht geworden; ich bin anders. So ist nun einmal das Leben. So stirbt Familie, so muß sie wieder zugrunde gehen. Ich gehe mit.

Noch ehe mein Vater die Situation ganz begriffen hatte, war ich draußen und schlug die Tür hinter mir zu. Zog es mich hinaus? Es wirbelte Schnee auf der Straße, und es wirbelten viele konfuse Gedanken mir durch den Kopf. Angst war in mir, aber auch noch etwas anderes: ein absurdes und bizarres Gefühl von Erlösung. So geht man hinaus! So ist das, wenn Jungens die Eltern verlassen. Man geht in Eichkamp im Schnee sehr angenehm. Es fahren hier fast keine Autos, die Föhren stehen vom Grunewald her hoch und schwarz in den Himmel: Winterfrieden in Preußen. Man geht weich und lautlos wie über weiße Läufer, und selbst Polizistenstiefel sind hier anders zu hören. Es war schon dritter Advent, und es lag viel Weihnachtsfrieden über den Häusern. Niemand begegnete uns. Nur einmal kam eine Frau und trug einen kleinen Weihnachtsbaum unter dem Arm. Herrn Bradtkes Stiefel knirschten im Schnee und gaben unserem Gang einen amtlichen Ton. In seinen Schritten ging Auftrag mit. Er schwieg, und auch sein Schäferhund schnaufte schweigend der Wache entgegen.

Wachstuben riechen in Deutschland immer nach kaltem Rauch und Leder, nach Kleineleuteschweiß mit etwas Terpentin. Sie sind grau gestrichen, kalt, haben Holzbarrieren, Holzbänke und Amtsstühle aus gelbem Holz, und immer hängt ein Herrenbildnis an der Wand; damals war es das unseres Führers. Und immer gibt es hinter den Barrieren Listen und Formulare, die ausgefüllt werden wollen. Herr Bradtke arbeitete an einem Formular und sah manchmal erwartungsvoll auf, wenn auf der Avus ein Auto zu hören war, beruhigte dann wieder den Hund, der seine Ohren spitz gestellt hatte, und schrieb weiter und sah wieder auf und schüttelte einmal den

Kopf. Seinen Helm hatte er vor sich neben das Tintenfaß gestellt. Er war jetzt eine Amtsperson, die rapportierte; er gab einen Bericht an die Obrigkeit und schrieb sicherlich Sütterlin mit langen hohen Schleifen oben und kräftigen Unterlängen. Nach jeder Zeile tunkte er die Stahlfeder in das schwarze Tintenfaß. Man spürt die Anstrengung, die von solchen Berichten an die Obrigkeit ausgeht. Es ist, wie wenn alles in einer Amtsstube knarrt: Die Stiefel des Polizisten knarren, seine Gelenke, der fasrige Holzboden, und sicher knarrt auch etwas in seinem Gehirn, wenn die Feder langsam wie ein stumpfes Messer über das Papier schabt. Herr Bradtke sagt kein Wort, aber sein Atem ist zu hören. Es ist ein schweres und rasselndes Atmen, ein richtiges Polizistenatmen, das von Alter und Tabak und Amtlichkeit ganz offenbar geworden ist. Man hört hier, was in einer Männerbrust vorgeht; nichts bleibt verborgen. Das soll wohl so sein.

Erst gegen elf fuhren Leute vor. Ich hörte Türen schlagen und Männerschritte, zwei Polizisten kamen herein, grüßten und sagten lachend Heil Hitler. Sie brachten viel Schnee mit, und dann wurde ich in das Auto gebracht, das man in Berlin Grüne Minna nennt: Von außen ist es wirklich grün, ist fensterlos und verschlossen, aber von innen gibt es ein Fenster zum Fahrersitz, und an den Eisenwänden laufen Eisenbänke rum, auf die man sich setzen darf. Ich war ganz allein und fühlte nur Eisen. Und dann fuhr der Wagen los. Er hatte hier draußen wohl erst seine Runde begonnen, er fuhr kreuz und quer durch Berlin, fuhr von Wache zu Wache und nahm überall mit, was heute abend eben fällig war. Ein buntes Völkchen kam da zusammen. In Charlottenburg, ich hörte es rufen, wurden zwei Kerle eingeladen, die gefährlich aussahen und wüste Verbände um den Kopf hatten. Sie grinsten aus schmalen Augenschlitzen und suchten in ihren Manteltaschen nach Tabakresten. Am Zoo wurden drei Mädchen eingeladen. Sie trugen Pelzmäntel und Lammfellstiefelchen und wirkten sehr fein. Sie waren grell geschminkt und wollten auch rauchen. Sie schimpften laut, kicherten und sagten zu mir: »Langer, hast 'ne Zigarette?« und lachten wieder laut. Dann kamen drei alte Männer, die gar nichts sagten, und dann wieder ein Bursche in einer wilden Jacke, eine alte Frau, die mit wirren Haaren laut vor sich hin redete und zischelte: »Denen werd' ich's geben!« In Friedrichstraße wurde ein schöner Jüngling hineingestoßen; die Mädchen redeten ihn gleich mit Fanny an und schienen ihn gut zu kennen. Auch zwei Hitlerjungen stolperten später herein, am Handgelenk waren sie aneinandergefesselt. Sie schwiegen trotzig.

Bis Mitternacht war der Wagen voll. Es roch nach Bier und Schminke, nach Tabak und Schweiß. Es war ein wilder Haufen, der manchmal kreischend durcheinanderflog, wenn der Wagen plötzlich bremste. Hier wurde der Bruch einer Weltstadt gesammelt, ein Auto voll Bruch, wie er sich an jedem Abend in jeder Großstadt findet. Ich saß dazwischen und dachte: Hier wird also Bruch gefahren, nichts als Berliner Bruch.

Als der Wagen nach vielen rumpelnden Kurven plötzlich hielt, rief eines der Mädchen schnippisch: »Moabit, bitte aussteigen!« Alles lachte, die Türen wurden aufgeriegelt, das Völkchen sprang munter herab – sie schienen hier fast zu Hause. Die alte Frau schimpfte jetzt auf die Kerle mit den Verbänden und stieß den schönen Jüngling, der so vornehm tat, als ginge ihn diese Fracht gar nichts an. Die Mädchen vom Zoo trippelten vorsichtig und duzten sich draußen mit dem Grünen. Hier im Hof war es dunkel und naß; alles wurde verteilt, und als mich einer von den Grünen eben mitschicken wollte, hörte ich plötzlich einen Beamten, der eine Liste in der Hand hatte, ganz gemütlich brummen: »Nee, nich doch, Karle. Det is een Politischa. Rüber zur Stapo!«

Station 5, Zelle 103: Vieles ist da zu lernen. Um fünf Uhr dreißig gellt ein schriller Pfiff durch die Flure und Treppenhäuser. Sieben Wachtmeister stehen in sieben Etagen und beginnen durch den eisernen Lichthof ein ohrenbetäubendes Pfeifkonzert. Sie blasen in jene gellenden Trillerpfeifen, die schon ganze Generationen von Deutschen zum Heldentod, zur Schlacht, zum Verhör aufgeweckt haben; man nennt dies das große Wecken. Danach setzt dunkles Gebrüll ein; bärtige Männerstimmen brüllen aus voller Kehle dunkle, schnaubende Laute. Schaftstiefel schlagen auf Zementboden, Schlüssel klirren, Eisentüren werden aufgerissen, wieder zugeworfen, dauernd schlägt Eisen an Eisen, und jemand brüllt nebenan: »Sie Schwein!«; man hat ihn wohl noch auf der Pritsche erwischt, und Schlüssel klirren wieder durchs Haus.

Das dauert nur wenige Minuten; dann wird es plötzlich stiller. Man ist aus Träumen, aus dunklen Erinnerungen, aus anderen Zeiten erwacht. Ich war eben noch im Harz auf einer blauen Wiese und las ›Hyperion‹. Schon in der Schule habe ich ihn auswendig gekonnt: »Ich bin jetzt alle Morgen auf den Höhen des Korinthischen Isthmus, und wie die Biene unter Blumen fliegt meine Seele oft hin und her zwischen den Meeren, die zur Rechten und zur Linken meinen glühenden Bergen die Füße kühlen.« Und ich spreche weiter im Harz, ich spreche weiter in Moabit: »Aber was soll mir das? Das Geschrei des Schakals, der unter den Steinhaufen des Altertums sein wildes Grablied singt, schreckt ja aus meinen Träumen mich auf. Wohl dem Mann, dem ein blühend Vaterland das Herz erfreut und stärkt.«

Jetzt wächst der Tag, jetzt wäscht sich ganz Moabit. Das kleine graue Emailleschüsselchen, in das man aus einer hohen Eisenkanne Wasser gießen kann, hat schon den Schmutz von vielen Gefangenen genommen – es wird auch mich heute reinigen. Das geht nicht lange. Man hört Bottiche und schwere Eisentöpfe durch die Flure scheppern. Die unsichtbare, niedere Macht der Kalfaktoren rückt an. Sie sind wie Insekten, die sich im Bau eingerichtet, ausgebreitet haben; sie haben Macht. Das unsichtbare, niedere Heer der Insekten rückt mit schweren Eisenkübeln immer näher, man hört es ziehen und schlagen und scheppern, gleich wird man die braune Zellentür hart aufreißen, draußen stehen neben dem Wachtmeister zwei oder drei Kerle. Sie sehen glatt und blaß und dünn wie junge Fische aus und tragen die blaugestreiften Kittel von Metzgergesellen. Du hältst einen braunen Emaillebecher hin, und da hinein schlagen sie dir mit einer kleinen langstieligen Kelle das schwarze Zeug – auch trockenes Brot kann man haben.

Um acht beginnen die Verhöre. Man merkt davon nichts, man weiß es nach einiger Zeit. Man hört nur den Schlüsseldienst, den unsichtbare Männer jetzt mit klirrendem Eifer beginnen. Schritte, Rufe, das Zuschlagen von Türen, ein Kommandowort, ein Pfiff, dann wieder Schritte, die weggehen, und dann wird es ruhig. Merkwürdigerweise hofft jeder Anfänger noch auf ein Verhör. Jeder hofft, die Schritte würden ihm gelten, würden sich ihm nähern, würden vor seiner Tür haltmachen, einer würde durch die Luke blinzeln und dann das Schloß umwerfen, um ihn herauszuholen. Es ist eine törichte und absurde Hoffnung. Sie lebt von jedem Geräusch.

Um neun Uhr steigt die Sonne langsam auf. Es ist ein strahlender blauer Wintertag heute. Die vergitterte Fensterluke oben zeigt nichts als einen schmalen blauen Streifen. Von Zeit zu Zeit heizen sie jetzt, es knackt und tickt eine Weile im Reich der niederen Röhren, Wärme strömt ein; sie heizen in Preußen sehr gut. Jetzt beginnt die Zeit der Spaziergänge. Jetzt geht man in Moabit spazieren. Tausende von Einzelgängern gehen jene fünf Schritte hin und wieder zurück, die alle Gefängniszellen erlauben. Es ist die Zeit der Morgenphantasien, der wirren Hoffnungen und Träume, Rundlauf der großen Pläne und Entwürfe, das kommt und geht wie draußen die Schritte. Man ist gefaßt, man hat einen Plan, aber der läßt sich nicht lange halten, rutscht wieder weg wie Gläser auf einem schiefen Tablett. Darunter liegt Ratlosigkeit, und Angst kommt empor und zieht eine Weile vom Herzen über den linken Arm bis zum Kopf. Dann hört man draußen plötzlich ganz nahe Schlüssel klirren, und Hoffnung kommt mitgegangen, die sich bald wieder zerschlägt. Was nun? Zellengänger sind wie verirrte Bergsteiger: Das geht immer rauf und runter, das gibt Höhen und Schluchten. Zum Schluß steht man wieder am selben Ort.

Um zehn Uhr ist die Sonne im Raum so vorgerückt, daß die Wände zu sprechen beginnen. Alle Gefängniswände der Welt erzählen unsagbare Geschichten; sie sind die Schreibtafeln der Verstummten. Da haben sie mit umgedrehten Löffeln ihre Hoffnung und Angst eingekratzt. Wie in den Pissoirs stehen da die Phantasmagorien der Tiefe und sind obszön – in dieser Zeit. »Hitler verrecke«, hat einer ganz tief am Boden eingekratzt, daneben ist eine nackte Frau gestrichelt. »Heil Moskau« steht dreimal in einem kreisrunden Band um ein Hammer-und-Sichel-Zeichen gleich unter der Frau. Einer hat es versucht durchzustreichen und hat ein Kreuz darüber gekratzt: »Ora pro nobis« steht da. Und dann führen alle Gefangenen auch ihren Kalender. Es sind immer sechs kleine Striche, die eng beieinander wie Lamellen stehen, dann kommt ein großer Strich, der Sonntag, und ist die Woche herum, wird durch das Ganze ein Querstrich gezogen, und eine neue Lamelle mit kleinen beginnt. Man kann daraus ablesen, wie lange jeder hier blieb, denn plötzlich reißt so ein Strich ab und füllt sich nicht mehr zur Woche.

Um ein Uhr kommt immer das Essen. Warum schmeckt das Mittagessen in Gefängnissen immer so nach Gefängnis? Wie machen sie das? »Es ist Salizyl drin«, haben sie gesagt, »das beruhigt den Geschlechtstrieb«, haben sie gesagt und gelacht. Aber es ist wohl auch Schweiß und Angst und Armut drin – man schmeckt da Preußens Verwaltung. Es gibt meistens Erbsen, eine gesunde deutsche Speise, die sie abscheulich verdorben haben: Erbsen in Kartoffelwasser, Erbsen in Sauerkrautwasser oder Erbsen nur so. Sonntags kommt ein Stück Fleisch dazu, das dir die jungen Metzger mit ihrer Onanistenfaust blitzschnell hineinschlagen und das eben auch nicht nach Fleisch, sondern nach Gefängnisfleisch, also schuldigem Fleisch schmeckt. »Sie verderben hier alles mit ihrem Salizyl«, haben sie gesagt und gelacht. »Du mußt dich daran gewöhnen.« Alles Fleisch ist hier schuldig.

Nachmittags um drei geht neue Bewegung durchs Haus. Die Sache mit den Schlüsseln beginnt wieder. Wieder werden Namen gerufen, Leute vorbeigeführt, Trupps für Arbeit zusammengestellt. Schlüssel klirren durchs Haus. Der neben dir ist auserwählt, ein Glücksfall, sie haben ihn eben geholt, und als sie zu dritt bei dir vorbeigingen, lief der Geruch von wunderbarer Befreiung mit ihm. Warum holen sie ihn? Mich nicht? Es gibt so viele Rätsel in einem Gefängnis. Sie sind nicht zu lösen.

Fünf Uhr nachmittags: Jetzt ist Moabit sehr beschäftigt. Jetzt werden Staatsfeinde verhört, gefragt, vernommen und mit anderen Staatsfeinden konfrontiert: Sagen Sie das noch einmal, gestehen Sie doch, wir wissen's doch längst. Jetzt werden Listen geschrieben und Protokolle aufgesetzt. Ich habe schon neunundzwanzig zum Bund der Pazifisten gehört, ja, ich war damals verhetzt, ich war in der KP, ich habe Juden in meinem Betrieb gehabt, ich war immer für Ebert, aber ich stehe loyal zum neuen Staat. Mein Sohn ist in der HJ, ich habe es nicht gewollt. Ich weiß doch von nichts. Das schwirrt jetzt durchs Haus, das wird bekannt und verschwiegen, notiert und weggelacht: Das sollen wir Ihnen glauben, Mensch? Der Mensch ist kein Held, das ist er immer nur hinterher. Er will leben. Der Mensch ist ein Bündel aus Hoffnung und Angst. Er lügt, natürlich lügt er. »Oh, ein Gott ist der Mensch, wenn er träumt, ein Bettler, wenn er nachdenkt, und wenn die Begeisterung hin ist, steht er da wie ein mißratener Sohn, den der Vater aus dem Himmel stieß, und betrachtet die ärmlichen Pfennige, die ihm das Mitleid auf den Weg gab.«

Der Abend kommt rasch und gleitet ganz schnell zur Nacht über. Warum schläft man in Gefängnissen immer so gut? Die Nacht ist dicht und schwarz – sie läßt sich nicht von Polizisten gefangennehmen. Sie kommt von draußen lautlos durch alle Wände. Wie eine Mutter, wie eine Frau kommt sie und liegt über die Welt gebreitet: etwas obszön und zum Nichts hin geöffnet. Das zieht uns hin, das saugt uns an, wir kommen, wir fallen, versinken. Die Nacht ist das große Vergessen. Man hört immer noch Schlüssel, immer noch Eisen und schwere Tritte, manchmal ein Schrei im Nachbarbau, aber das wird weniger, entfernt sich, wird leise, versickert, versinkt, wird selber traumhaft und unwirklich. Schon um neun Uhr ist Moabit ein Angsttraum, der hinter mir liegt. Ich bin wieder frei, bin draußen, ich träume. Die Nacht ist nicht in Ketten zu legen.

Der Schlaf ist die Freiheit aller Gefangenen. Sie lassen ihn uns. Uns lassen sie ihn noch. Wir können vergessen. Ich werde von wunderbaren Welten träumen, von einer blauen Wiese im Harz und werde wieder ›Hyperion‹ lesen: »Wie der Arbeiter in den erquickenden Schlaf, sinkt oft mein angefochtenes Wesen in die Arme der unschuldigen Vergangenheit. Ruhe der Kindheit! Himmlische Ruhe! Wie oft stehe ich still vor dir in liebender Betrachtung und möchte dich denken.«

Ich war also plötzlich in die Mühlsteine der Geschichte geraten und wußte kaum, wie. Ich war über Nacht zum Staatsfeind geworden und taugte so wenig dazu. Ich hatte nur immer des Abends bei Wanja gesessen, hatte diese Briefe verteilt und war nun in die schrecklichste Sache meines Lebens verwickelt. Ich werde sie niemals vergessen. Ich erfuhr erst langsam davon. Die Sache hieß Hochverrat und erstreckte sich wie eine unterirdische Krankheit über das ganze Land. Die Sache hieß »Vorbereitung zum Hochverrat gegen den Schriftsteller Broghammer und andere«, und diese anderen waren hunderteins Leute, die sie alle in dieser einen Nacht verhaftet hatten. Ich kannte sie nicht. Ich kannte nur Wanja, der so ein kleines Anhängsel von Anni Korn war, die wiederum ein kleines Anhängsel eines anderen gewesen war, und dieser hatte wieder an jenem gehangen und jener an noch einem anderen – das sind so die klassischen Regeln der Konspiration. Im Untergrund muß man so arbeiten. Nun saßen sie alle hier und wurden einzeln vernommen.

Sie haben auch mich oft vernommen, am Anfang wenigstens. Sie haben mich nicht geschlagen und in kaltes Wasser gesteckt wie andere. Sie haben mich nicht in Dunkelarrest gelegt, sie haben mir nicht den Arm ausgerenkt wie anderen. Sie saßen mir beim Verhör ganz adrett und aufmerksam gegenüber, hießen Müller und Dr. Stein und Krause II, wie Deutsche eben so heißen, rauchten Zigaretten, sagten bitte und danke und Herr und Sie und hatten wohl bald gemerkt, daß sie in mir nichts Richtiges gefaßt hatten, nichts, worauf sich etwas Politisches solide aufbauen ließ. In einem Panzerschrank lag ein dickes Aktenstück über mich, das mich erstaunte und zugleich auf unerwartete Weise entlastete. Sie hatten fast ein Jahr lang meine Post kontrolliert, hatten alle Briefe, die ich erhielt, zuvor abgefangen, geöffnet, fotokopiert und dann wieder zugeklebt und mir zugeschickt. Nie hatte ich etwas gemerkt. Diese Briefe, die jetzt auf dem linken Aktenblatt fotokopiert und auf dem rechten in Schreibmaschinenauszug lagen, wurden meine Rettung. Was schreibt schon ein Junge aus Eichkamp, ein Sohn von unpolitischen Eltern, ein Bürgersohn, Philosophiestudent mit dem Hang zu Hölderlin und Nietzsche mit Neunzehn für Briefe, und welche Briefe erhält er? Es waren ziemlich verstiegene und verrückte Briefe, Freundschaftsbriefe, Episteln der Trauer und Hymnen der Begeisterung, Botschaften der Einsamkeit und Feste der Seele – oh, Bellarmin, oh, Hyperion, stammelnd und flüchtig hingeworfen. Es war so das typische Pubertätsgestammel der Bürgerjugend damals mit Neunzehn. Das spielte nicht im Parterre der Weltgeschichte, das hing alles ganz oben, hing wie Flitter der Seele im Schnürboden der deutschen Begeisterung, war angelesener Schiller und Fichte, war hochgezogener Novalis und Wackenroder, war anempfundener Rilke und Hesse – es war ziemlich peinlich und pubertär. Nur eben: Politisch war es nicht.

Es war alles sehr deutsch und innerlich und trug mir nun das Bild des Suchers und Idealisten ein, der einmal gestrauchelt war. Ich muß damals ein entsetzlicher Wirrkopf gewesen sein, so ein richtiger deutscher Jüngling mit Schönheit, mit Tod und Wahnsinn im Kopf, und irgendwo hatten sie davor noch einen Rest von Respekt. So fremd war ihnen das nicht, nur etwas zu hoch. Sie buchten mich bald auf der Seite der Opfer, der Träumer und Idealisten. Ich sei ein Opfer der Konterrevolution, ein Opfer von Wanja und seiner Freundin Anni. Das sagte Herr Krause II eines Abends nach einem langen Verhör und klopfte mir dabei auf die Schulter. Ich habe ihm nicht widersprochen, niemals. Ich dachte: So kannst du vielleicht rauskommen. Und dachte: Eigentlich stimmt es ja auch. Zu Hause sind wir immer unpolitisch gewesen.

Nach drei Monaten verlegten sie mich in einen anderen Bau; ich kam in Gemeinschaftshaft; sie hatten das wohl als Erleichterung gedacht. Die Konstellation war sehr neu. Ich war aus Eichkamp unter lauter Politische geraten. Es saßen in Moabit keine Eichkamper. Da saßen nur Kommunisten, Gewerkschaftler und andere Rote, die

aufbegehrt hatten. Da saßen Polen und andere Reichsfeinde, da saßen Tschechen und andere Gegner des Pro-
tektorats, da saßen Juden, jüdisch Versippte, Juden-
knechte und andere Staatsfeinde. Rundfunkverbrecher,
die hatten heimlich Straßburg oder Basel gehört und darüber geplaudert, Devisenverbrecher, die hatten Reichs-
mark ins Ausland mitgenommen, Wirtschaftsverbrecher,
die hatten ein Viertelpfund Wurst »ohne« gekauft und
hatten damit die deutsche Kriegswirtschaft untergraben.
Dann gab es Boykotthetzer, Kritikaster und Intellektuel-
le, die sich durch abfällige Bemerkungen gegen das
Heimtückegesetz vergangen hatten, bösartige Witze-
erzähler, die auch zersetzten, und wieder andere, die einfach so Reichsfeinde waren. Die ganze Welt war ja damals voller Feinde, voller Untermenschen, Wühlmäuse
und Blutsauger, die unser armes, stolzes Land untergraben wollten. Hier in Moabit lernte ich sie kennen.
   Und ich lernte Gefängnis kennen, die Welt der Gefangenen, die Sprache der Haft, die Riten der Resignation
und Hoffnung, Häftlings-Riten; aus Brot Schachfiguren
kneten, rauchen, ohne daß etwas zu riechen ist, Klopfzei-
chen geben, Kassiber schieben, Spielkarten aus alten Tüten verfertigen, die Freuden der Flurdienste nutzen, beim
Rasieren Auskünfte einholen, beim Spaziergang im Hof
reden, ohne die Lippen zu bewegen. Es ist eine armselige
und raffinierte Kunst, die Sprache der Gefangenen, sie
lebt von Zeichen an Türen und Wänden, von feinsten
Geräuschen, kratzt Tabakreste und Stroh zusammen,
horcht lange an Zellentüren, lernt feinste Töne unterscheiden und fällt eine Weile über jeden Neuankömmling
her, preßt ihn aus, als trüge er die Geheimnisse der Welt
unter seiner Jacke. Erzähl doch, was gibt's denn? Los,
red doch, wie steht's draußen denn? Jeder Neue ist eine
Hoffnung, die aufflammt, sich eine Weile hält und dann
wieder versickert und langsam in dumpfes Brüten ein-
geht. Der Neue ist aus einem anderen Bau, ist schon fast

ein Jahr hier und zeigt das verschmitzte Gesicht eines kleinen Gauners. Er fordert Kippen und bringt dafür verwegene Gerüchte mit: Wir werden verlegt, ihr werdet's ja sehen, morgen kommt eine Kommission, ab April soll es etwas zu rauchen geben, im C-Bau ist gestern Gesundheitsappell gewesen, nächste Woche werden die Alten nach Tegel überstellt, die Politischen sollen nach der Prinz-Albrecht-Straße kommen, die anderen können zur Arbeit kommen bei Siemens und so. Das dringt durch die Türritzen und Schlüssellöcher, verbreitet sich blitzschnell durch die Flure, zieht in andere Zellen ein, hält sich dort eine Weile steif an der Wand, blättert dann runter und zerfällt dann ganz rasch. Das Gerücht ist die Tageszeitung aller Gefangenen.

Freitag ist immer Schichtwechsel in Moabit. Da werden die Hartnäckigen ausgemustert und zum Weichmachen weggebracht. Schon um zwei Uhr ist Flurappell: Alles raus, antreten, stillgestanden, Achtung. Der Stubenälteste meldet's dem Kapo, der Kapo dem Türschließer, der Türschließer dem Wachtmeister und dieser dann dem Inspektor. Nach einiger Zeit kommen Herren, hochgestellte Beamte, wie es scheint, in feinen Straßenanzügen, die Kommissare von der Geheimen, und lassen Listen verlesen. Sie tun es nicht selbst. Sie stehen nur dabei. Sie stehen schweigend daneben und grinsen manchmal, wenn ein Name fällt, der ihnen was sagt: Bethke, Karl – vortreten. Sehen Sie, Bethke, das hätten Sie sich sparen können, nicht wahr? Wußte Bethke das? Sie haben hier so ihre Methoden, sie machen sich nicht die Hände schmutzig. Männer, die nichts Richtiges rausrücken, obwohl da was drin wäre in ihnen, wie eben zum Beispiel in Bethke, werden für sechs Wochen nach Oranienburg abgestellt zur besonderen Behandlung durch die SS. Sie werden weich geknetet. Man wird dann ja sehen.

Abends um sechs kommen die Autos zurück und bringen die von vor sechs Wochen: den Bunsen, Hermann, den Meister, Kurt, den Schuhmacher, Horst, den Levi, Siegfried, der auch so schweigsam war und deshalb sechs Wochen geknetet wurde, damit er schön weich und gesellig würde. Berlin-Moabit, das ist fast eine Erholung, jeder sehnt sich hierher. Jetzt wird er reden: alles.

Es ist dunkel in der Zelle. Es ist ein trüber Märztag und um sechs schon beinahe Nacht, draußen tropft Schnee, als Levi, Siegfried, bei uns eingeliefert wird. Über der Zellentür brennt ein dünnes bräunliches Licht. Ich sehe den kleinen Mann hereinstolpern, sehe ihn ängstlich und ratlos vor den Holzpritschen stehen und höre, wie er dann mit artiger Stimme fragt: »Wo darf ich denn Platz nehmen, meine Herren?« Schweigen, Gelächter, Gepruste im Raum – hat es so etwas schon einmal gegeben? Meine Herren? In der Nacht lag er bei mir und fragte immer wieder: »Schlagen die hier auch so – mit diesen Ochsenziemern?« Und ich nach einer Pause: Nein, ich wisse das nicht, und schob ihm dann etwas Brot zu, einen alten, ausgetrockneten Kanten, den ich noch unter dem Kopfkissen hatte. »Iß doch etwas«, sagte ich leise, »du mußt doch halb verhungert sein, Mensch!« Da fing Levi, Siegfried, nach einer Weile zu wimmern an, er atmete tief, schnaufte plötzlich ganz unruhig, das Schnaufen ging bald ins Schluchzen über, und dann brach es los. Der kleine und glatzköpfige Mann, der unter dem Bülowbogen früher ein Juweliergeschäft hatte und immer ein Herr geblieben war, auch noch in Oranienburg, brach in ein lautes Kinderweinen aus, schluchzte und stöhnte vor sich hin: »Jetzt kommen sie wieder schlagen, man darf doch nicht aus der Reihe essen, mein Herr, wissen Sie das nicht?« Es war fast zum Lachen, es war sehr komisch, das mit dem wunderlichen Herrn Levi. Er gab uns noch manchen Grund zu lachen.

Eines Tages sind meine Eltern da. Es ist schrecklich und wunderbar, eine solche Nachricht in Moabit. Sie macht mich ganz krank. Sie holen mich aus der Zelle, sie führen mich über lange, eiserne Gänge, es geht drei Wendeltreppen hinunter, dann wieder durch Gänge, die noch immer aus Eisen sind. Dann kommt ein großes Gitter, ein richtiger Käfig, in den sie mich schieben, Papiere werden unterschrieben, und ein Ziviler übernimmt mich und führt mich wieder über viele Flure, die jetzt schon Holztüren und Fußböden aus Linoleum haben. Es riecht nach Terpentin. Ich gehe ganz steif und starr, habe wie eine Holzpuppe die Schultern hochgezogen und die Hände auf dem Rücken verkrampft und tue, als gehe mich das gar nichts an, und denke: Deine Eltern sind da – hörst du das nicht? Wie kommen sie in dein Gefängnis? Wie sind sie hier hereingekommen?

Der Zivile brachte mich nicht in eine Besuchszelle, er brachte mich auf sein Dienstzimmer. Meine Eltern waren doch etwas Besseres, und da saßen sie dann. Ich erschrak. Sie kamen von weit. Sie saßen auf hohen Stühlen: ängstlich, rührend und irgendwie aufgelöst – vor Liebe. Sie wirkten so fein. Meine Mutter trug einen glänzenden Pelzmantel, ein seidiges Kleid und hatte Perlen um den Hals. Das trug sie immer zur Oper. Sie hatte auf dem Fußboden einen Pappkoffer aufgeklappt. Wie immer hatte sie wunderbar an alles gedacht, hatte Strümpfe und Unterhosen und ein weißes Nachthemd mitgebracht und stolperte jetzt darüber und lag mir in den Armen und rief nur immer: »Mein Sohn, mein armer Sohn« und begann dann richtig zu weinen wie in der Oper. Sie haben aus Eichkamp meinen Koffer mitgebracht, all diese kleinen Sachen von früher: Rasierzeug und Taschentücher, ein Handtuch und auch was zum Schreiben, viele warme Strümpfe, und auch ›Hyperion‹ liegt dabei; ich erkenne sie hier als die meinen.

Und ich möchte wieder meinen Brief schreiben: Daß Ihr mich besucht habt, war wirklich nett. Ich danke für all die schönen Sachen. Sie werden sie mir sicher nicht lassen, aber trotzdem. Und schöne Grüße an Euch von

Eurem Sohn. So ungefähr würde es gehen. Aber so geht es nicht; sie sind da, sie sind wirklich hier im Zimmer. Ich muß jetzt etwas sagen. Nicht das Ganze, irgend etwas. Wie macht man das? Mein Vater sieht richtig mager und alt aus, er sieht mich mit diesen großen, verstörten Kinderaugen aller Staatsbeamten an und flüstert nur immer: Der Minister, der Minister, ich habe in deiner Sache mit dem Minister gesprochen. Du kommst bald frei. Und schluckt dann so, daß ich wegsehe. Es ist eine richtige große Familienszene wie in der Bibel: der verlorene Sohn, oder nein, die verlorenen Eltern. So etwas findet sich wieder, so etwas geht zum Schluß doch gut aus – meistens. Es muß ja nicht immer ein Kalb geschlachtet werden, die Liebe währt ewiglich, so steht es auf vielen Gräbern geschrieben. Kehre zurück, mein Sohn, es ist dir alles vergeben. So steht es manchmal auf Litfaßsäulen in unserer Stadt.

»Herr Kommissar«, so höre ich später meine Mutter sagen. Sie hat sich mit ihren schönen, theatralischen Gebärden dem Gestapomann beschwörend zugewandt. Sie ist immer noch eine ungewöhnliche und imponierende Frau, es glitzert um sie, sie wollte ja einmal zur Oper als Sängerin, da ist was hängengeblieben. »Herr Kommissar, unser Sohn ist unschuldig!« sagt sie gebieterisch. »Glauben Sie es uns, wir kennen ihn doch. Wir sind doch immer unpolitisch gewesen.« Und mein Vater hat sich auch erhoben. »Nie«, sagt er, »hat es so was in unserer Familie gegeben – Hochverrat. Unmöglich, in unserer Familie.«

Mein Gott, es ist alles so rührend und liebevoll. Sie stehen jetzt wie zwei gebrochene Engel vor dem Beamten und bitten für ihren Sohn. Mein Gott, sie träumen noch immer diesen alten Familientraum, sie glauben noch an das Märchen, das 1914 begann, am 1. August, am Tage des Kriegsausbruchs, als sie heirateten. Sie wollten den Riß mit Liebe zudecken. Sie wollten in diesen Weltbruch Familie kleistern: unsere Familie, unser Sohn, unser Haus. Ihr Lieben, ist das nicht alles kaputt und entzwei?

Es ist gräßlich: Immer in so großen Augenblicken empfinde ich nur Erstarrung und Kälte, bin reglos und kann
nichts sagen. Erst wenn ich allein bin, kommt mir das
Leben wieder. Ich denke: Sie werden jetzt nach Hause
fahren, traurig und doch getröstet, sie werden in der
S-Bahn sitzen, ratlos und stumm. Sie verstehen ihren
Sohn nicht mehr, der nun unter lauter Politischen sitzt.
Wir sind doch immer ganz unpolitisch gewesen. Sie werden durch das leere Haus gehen, die Dielen knarren. Es
ist still und hart, und sie werden noch immer hoffen, daß
alles gut wird. Sie sind so lieb. Sie sind wie verstörte
Kinder, die des Abends hinter dem Fensterglas liegen und
auf ein Wunder warten. Alle warten ja auf ein Wunder.
Es wird nicht kommen. Das Stück ist aus, der Text ist
abgelaufen, die Bühne ist leer – ihr irrt noch herum, ihr
Lieben. Ihr sitzt nun in Eichkamp und ich in Moabit, ihr
in diesem Häuschen und ich in meiner Zelle; das wird der
Schluß sein, das Ende einer braven deutschen Familie.

Es kam die Nacht der Entscheidung. Die Voruntersuchung durch die Geheime Staatspolizei war abgeschlos-
sen. Wenn das Verfahren so weit gediehen ist, wird es
bekanntlich an den Untersuchungsrichter weitergeleitet.
Der muß dann entscheiden, er muß jeden einzelnen Häftling vorladen, muß sagen, ob das ermittelte Material aus-
reiche, um es der Staatsanwaltschaft zur Anklageerhe-
bung zu übergeben. Dabei kann man auch ausgeschieden
werden. Das ist eine forensische Prozedur, an die sie sich
gern halten. Es gibt der Sache einen legalen Schein. Mit
Gerechtigkeit läßt sich wunderbar spielen.
    Es war Anfang April, und ich schlief schon sehr tief. Es
war bald nach Mitternacht. Da holten sie mich. Sie holten
mich von der Pritsche und riefen: »Nu los, nu mach
schon, mach schnell, Kerl. Du schläfst wohl?« Es knack-
ten Schlösser, und Schlüssel klirrten in großer Eile und
Amtlichkeit. Dann wieder durch diese eisernen Flure,

durch Kellergänge, durch schwere Panzertüren, die umständlich aufgeschlossen und wieder verriegelt wurden. Auf dem Steinboden hallten die Schaftstiefel des Grünen laut. Wichtigkeit lag darin. Ich war nicht mehr steif, die Starrheit war von mir gewichen. Ich dachte: Alles schläft jetzt in Moabit, aber in deiner Sache ist etwas erwacht. Jetzt geschieht was, etwas wird sich jetzt ändern.

Sie führten mich durch ein düsteres Labyrinth; es gab hier ein unterirdisches Reich, eine dunkle Stadt in der Stadt, es ging immer noch weiter, dann wieder um eine Ecke, und plötzlich stand ich in einem dunklen Gang und durfte nicht weiter. Zwei Grüne hielten mich und bauten sich kräftig daneben auf. Wir standen an einer Wand, und nach einer Weile erkannte ich andere Gefangene und andere Grüne, die auch längs der Wand standen. Das Auge gewöhnte sich allmählich an spärlichstes Licht. Ich sah einen langen, düsteren Kellerflur, an dessen Wänden auf beiden Seiten Häftlinge aufgestellt waren. Sie standen wie angenagelt und zwischen zwei Häftlingen immer ein Polizist, eine endlose Kette, die sich irgendwo im Dunkeln verlor. Sie hatten die ganze Strafsache gegen den Schriftsteller Broghammer und andere zusammengebracht. Ich kannte sie nicht. Hier sah ich zum erstenmal ihre Gesichter. Ich sah das andere, heimliche Deutschland. Es sah bleich und wirr und abenteuerlich aus; es war eine Versammlung der Unterirdischen.

Staatsfeinde sehen sich merkwürdig ähnlich. Sie sehen kläglich und furchterregend aus, tragen viel zu weite, zerlumpte Anzüge, zeigen ausgemergelte, bärtige Gesichter; aus ihren erloschenen Augen zuckt manchmal ein Rest von Leben. Dunkelheit ist um sie gebreitet. Man kann kaum glauben, daß das die Helden des Widerstandes sind, sie werden uns immer so mutig und strahlend geschildert – so sind sie nicht. Sie sind eher wie Partisanen im Kriege: zerrissen, verhungert, mit einem Schein von Verbrechen und Schuld um sich. Sie sind sehr vereinzelt und tragen keine Uniform, die sie schützt. Jeder trägt seine Tat jetzt für sich. Jeder ist nur für sich schuldig geworden. Das mögen einmal Journalisten und Schriftsteller gewesen sein – jetzt sind sie nur Verbrecher. Das mögen einmal Studenten und Professoren gewesen sein – jetzt sind sie nur noch Reste, Opfer, gebrochene Macht. Es ist mit ihnen kein Staat zu machen.

Die Kette rückte sehr langsam voran; von Zeit zu Zeit ruckte sie ein paar Meter vor. Ganz vorn war eine Tür, in deren Lichtschein, wenn sie geöffnet wurde, einer rasch verschwand. Ein greller Lichtkegel erfaßte die Gestalt, strahlte sie einen Augenblick scharf an, zog sie nach innen, die Tür klappte zu. Dunkelheit war wieder im Gang. Warten, stehen, schweigen, dann rückt es wieder voran. Langsam hebt sich die Wand vor mir wieder ab. Jetzt steht ein großer, massiger Kerl da, der wirre Haare und einen Vollbart hat. Er sieht wie ein Zigeuner oder ein böhmischer Professor aus; mit der Zunge streicht er über seine Unterlippe und beißt dann darauf. Er steht wie ein uralter Baum zwischen den beiden Polizisten, die ihn, stramm und jung, wie grüne Förster flankieren. Sie halten das Wild gefangen.

Plötzlich flutet grelles Licht um mich. Ich stehe im Zimmer des Untersuchungsrichters. Ich taumle ein wenig, so heiß und taghell ist hier alles. Das Zimmer ist kahl und leer. Nur auf einem Schreibtisch türmen sich Akten. Der Mann hinter den Akten sieht alt und faltig aus, sehr klein und mausgrau. Er trägt einen randlosen goldenen Kneifer und blickt immer in die Akten und dann wieder auf mich, vergleicht das und prüft und versinkt dann über seinen Schreibtisch und liest und brütet so vor sich hin. Ich stehe ganz nahe vor seinem Tisch und sehe direkt vor mir zwei hohe Stöße liegen. Es sind Formulare, wie ich jetzt erkenne, zwei hohe Formularstöße, Vordrucke, der eine ist grün, der andere knallrot. Ich drehe den Kopf etwas seitlich, blinzle und entziffere auf dem roten Stoß

EINWEISUNG, und auf dem grünen steht deutlich ENTLASSUNG. Es steht da in fettem schwarzem Druck und hat jedesmal ein Ausrufezeichen dahinter. Mir beginnt plötzlich das Blut im Halse zu schlagen, das Wort Entlassung ist da, es ist plötzlich da, ich habe es nie hier geglaubt, auf grünem Papier steht es groß und dick und schlägt mir nun im Hals und tanzt durch den Raum und wirbelt mir durch den Kopf. Du mußt jetzt nur still sein und abwarten, sagt etwas in mir. Nach einem Papier muß er greifen, er muß zwischen Rot und Grün entscheiden. Zum Schluß muß er es.

Plötzlich begann er mit einem Verhör. Er wollte wissen, wie ich zu Wanja stünde und warum und weshalb und wie lange schon. Und ich sagte: »Schon immer, seit Obertertia schon; er war einfach mein Freund.« – »Ihre Beurteilung ist nicht schlecht«, erwidert er und weist mit einem Bleistift auf seine Akten. »Sie kommen doch aus einer anständigen Familie. Wie konnten Sie sich solche Freunde suchen?« Ich zucke mit der Schulter und sage: »Ich weiß nicht. Es war eben so.« Er versinkt wieder in seinem Sessel und sagt nach einiger Zeit, ohne aufzublicken: »Wissen Sie, welches Urteil unsere Kollegen über Sie abgegeben haben?« Ich schweige, und er plötzlich: »Ich lese es Ihnen vor: Bei guter Behandlung vielleicht noch für den völkischen Staat zu retten.« Und nach einer Pause, während der er den Bleistift quer zwischen die Lippen gelegt hat und mich kritisch anblickt: »Na, was sagen Sie dazu? Ist das wahr?« Ich nicke nur und starre auf die beiden Papierstöße, grün und rot, und denke: Wo wird er hingreifen? Vielleicht grün bei guter Behandlung? Ich spüre plötzlich eine lähmende Angst in mir, die Angst, daß das hier immer so weitergeht, immer Verhöre, Vernehmungen, immer Zellen und Schlösser, du kommst da nicht raus, du steckst schon so drinnen, und sehe ihn nach dem roten Stoß greifen und sage leise: »Lassen Sie mich hier raus, Herr Untersuchungsrichter –

mein Gott!« Dann verging eine Weile, er sah mich prüfend und nachdenklich an, schob plötzlich die Akten
von sich weg, erhob sich, beugte sich nach vorn über;
erst jetzt sah man, wie klein er war. Er griff mit der
rechten Hand nach einem Stoß, zog ein grünes Formular an sich, sagte gar nichts und begann nur zu schreiben.

Ich bin frei, ich bin frei, ich kann es noch kaum begreifen. Was ist das – Freiheit? Ein Geruch, ein Geschmack, ein Hauch von Welt, alles. Ich atme tief ein,
es ist April, ein Geschmack von Frühling liegt schon in
der Luft. Ich gehe durch die Straßen der Stadt, gehe
wie betäubt an Geschäften, an Wirtschaften, an kleinen
Gemüsewagen mit Grünkohl und Apfelsinen vorbei,
höre eine Frau rufen, sehe einen Jungen einen Schubkarren ziehen, blicke in die Schaufenster, sehe mich im
Spiegel: Das bist du also, du bist frei, da gehst du. Ich
sehe Asphalt unter mir, grau und naß, ein Hund
schnuppert an einer Laterne, sehe Autos auf mich zukommen, höre das Schlagen der S-Bahn hoch neben
mir; hell und hastig ziehen gelbe Wagen vorbei. Menschen eilen an mir vorüber. Ich bin so begierig nach
Welt; ich schmecke wieder Welt, dieses graue, trübe,
häßliche Berlin, diese Mauern und S-Bahn-Bögen, diese
Brücken und Kneipen, lese: Schultheiß-Patzenhofer, lese: Singer, lese: Brauhaus Tempelhof. Alles ist wieder
da und ist wie geschenkt. Freiheit – das ist Welt, in der
wir uns verlieren und finden können.

Du mußt nun die alten Worte und Gesten wieder lernen. Du bist frei. Du mußt wieder lernen, in die Hosentasche zu greifen, die Geldtasche zu nehmen, zu öffnen, nach Münzen zu suchen. Das alles war einmal da,
du mußt es wieder lernen. Du mußt am Bahnhof Friedrichstraße vor den Schalter treten und mußt laut sagen:
Einmal dritter Eichkamp! Du mußt es ganz ruhig sa

gen. Niemand soll merken, daß das für dich neu ist und daß du es zum erstenmal tust. Du hast es auch früher getan. Alles soll sein wie immer.

Wie immer gehe ich zu Aschinger, stehe an der Theke, Menschen umdrängen mich, stelle mich an der Schlange an. Eine dicke Frau gibt vorn Suppe aus. Ich habe Hunger, Hunger nach Welt und Erbsensuppe, und höre mich dann sagen: »Löffelerbsen mit Speck«, und ziehe dann mit dem Teller ab und stehe an einem dieser Tische, puste und denke: Es geht doch nichts über Erbsenbrei. Erbsenbrei ist meine Lieblingsspeise.

Ich stehe am Schalter im Bahnhof Friedrichstraße. Ich höre mich deutlich sagen: »Einmal dritter Eichkamp.« Es klingt mir so fremd. Eine Frau wirft mir eine gelbe Karte entgegen – überall arbeiten jetzt Frauen –, Münzen rollen über die Messingplatte, drehen sich, kippen ab, rollen, fallen auf den Boden. Ich bücke mich, hebe sie hastig auf, spüre, wie meine Finger dabei zittern; ich umklammere das gelbe Pappstück und laufe davon und stehe dann auf der Rolltreppe und lasse mich langsam nach oben tragen. Oben ist alles wie immer. Sie haben das grüne Schild gezogen: Spandau-West. Mein Gott, ich saß in Moabit, aber hier fuhren die ganze Zeit Züge nach Potsdam, nach Lichtenrade, nach Gleisdreieck, nach Erkner und alle zehn Minuten auch einer nach Spandau-West. Wie kann das sein? Wo bleibt die Zeit? Wo ist sie hin?

Ich werde also nach Eichkamp fahren. Ich werde wie immer im S-Bahn-Abteil sitzen, die Häuser und Mauern und Straßen der Stadt fliegen am Fenster vorbei – uralte Melodie: Zoo, Savignyplatz, Charlottenburg, Westkreuz, Eichkamp. Ich werde da aussteigen, werde durch die Siedlung gehen und dann vor unserem Hause stehen – natürlich. Ich werde klingeln und warten, und das Herz wird mir klopfen, und ich werde sagen: Ich bin da, und werde dabei etwas verlegen sein. Meine Mutter wird mich

in ihre Arme schließen, sie wird es mit ihrer schönen und
doch etwas theatralischen Gebärde tun und wird schluchzen: Mein Kind, mein Sohn, mein liebes Kind! Und ich
werde ganz steif und starr dastehen, werde denken: Ich
bin da. Bin ich da?

45, Stunde Null

Letzte Erinnerung an sein Reich: ein Akt des Protestes. Wir haben mit Schaufeln, mit Schippen und Hacken Löcher geschanzt und hocken darin wie Alleebäume, die morgen eingepflanzt werden. Wir liegen am Dortmund-Ems-Kanal. Wir sollen das Ruhrgebiet halten. Wir hocken in tiefen, feuchten, klebrigen Löchern. Leichter Nieselregen fällt. Wir heißen Kampfgruppe Grasmehl und sind der Rest eines Fallschirmjäger-Regimentes: gut hundert Leute, die man in den letzten Tagen rasch aus Brandenburg zusammengetrommelt hatte. Eigentlich sind wir aus einem Genesungshaufen. Wir sind lauter Kranke, Verwundete, Versehrte, Rekonvaleszenten zwischen zwei Stationen. Wir haben kaum Waffen, aber dafür Verbände um den Bauch, um den Oberschenkel, Pflaster im Rücken. Diätzettel in der Tasche: Kampfgruppe Grasmehl, angetreten gegen die USA.

In Brandenburg hatte es gelautet: »Ihr werdet jetzt verlegt, ihr kommt in ein Genesungsheim.« Auf der Bahnrampe standen viele Güterwagen, ein endloser Zug mit braunen, verrosteten Waggons. Wir wurden verladen, Gepäck und Marschverpflegung, ein paar Waffen dazu, aber dann geschah nichts. Keine Lokomotive. Das machte mich stutzig. Ich schlich den ganzen Vormittag mißtrauisch an der Bahnrampe entlang und spähte nach einer Lokomotive. Ich sagte mir: Die ist jetzt wichtig. Die entscheidet über dein Leben. Der Ring um sein Reich ist hübsch eng geworden, Großdeutschland reicht noch von der Oder bis zum Rhein. Und wenn die Lokomotive jetzt aus der Richtung Berlin angehängt wird, dann geht es zu den Russen. Du wirst viele Jahre in Rußland schuften. Kommt aber die Lokomotive aus Richtung Magdeburg, so geht es zu den Amis, und damit verband ich sehr wenig, fast gar nichts.

Am späten Nachmittag, ich war in meiner Waggonecke eingedöst, ruckte der Zug plötzlich an: harter Schlag, Eisengedröhn, Quietschen, es knirscht, wie wenn eine verrostete Kette plötzlich strammgezogen wird. Wir fahren, ich schrecke hoch, blicke heraus, wir fahren nach Westen. Also gut, zum Westen. In Unna wurde ausgeladen. Als wir durch die Stadt marschierten, kamen wir an Kasernen vorbei. Da war SS kaserniert, und als die unseren müden, schlechten Marschtritt hörten, kamen sie an die Fenster gesprungen, gestürzt, geflogen: verängstigte, suchende Blicke. SS-Leute mit großen, schreckhaften Augen, den Rock aufgeknöpft, einige hatten sich gerade gewaschen, waren in Unterwäsche ans Fenster geeilt, einer hielt uns ein Rasiermesser wie beschwörend entgegen, Schaum um den Mund, Rasierschaum. Aber nein, nicht doch, wir sehen wohl so ähnlich aus, wir sind noch keine Amerikaner. Ihr habt ja noch Zeit. Ihr könnt nach rückwärts verlegen. Das war mein erstes Erstaunen nach so vielen Jahren: SS hat Angst, SS auf der Flucht.

Wir hatten die Aufgabe, den Rückzug der SS-Einheiten am Dortmund-Ems-Kanal zu decken. Deshalb saßen wir hier in diesen Lehmlöchern, deshalb bekamen wir hier Kekse und Bier und Zigaretten in Mengen. Nur Waffen hatten wir keine. Die hatten die drüben. Drüben auf dem anderen Ufer war nichts zu sehen, nichts als graue, zerfurchte Felder, Äcker im März, aber irgendwo im Hinterland mußten sie ungeheure Mengen von Kanonen und schweren Waffen aufgefahren haben. Damit durchwühlten, durchkämmten sie unsere Stellungen, Meter für Meter. Drei- oder viermal am Tag brach das über uns herein: ein Orkan aus Feuer und Stahl, Steinen und spritzender Erde. Sollten wir mit Bierflaschen zurückwerfen? Manchmal schrie einer, manchmal flogen Körperteile durch die Luft, und dann herrschte wieder Ruhe. Jemand wimmerte nebenan, und ein Krad kam angefahren, man zog den Verwundeten heraus, und ein neuer Mann wurde ins Loch gesteckt. So ging das. So vergingen vier Tage und Nächte.

Am fünften Tag wurde ich abkommandiert. Ein Krad-melder kam und schrie mir etwas ins Ohr. Ich sei heute als Verpflegungsholer eingeteilt. Hatte ich das richtig verstanden? Ich ließ eine Weile verstreichen, erhob mich, fühlte mich steif wie ein Baum, kroch zurück, robbte durch nasses Gras an Trümmern und zerwühlten Straßen vorbei. Hinter einer Hausruine richtete ich mich auf, kam zu mir. Es mußte wohl einmal eine Schule gewesen sein, denn es standen da blanke Schulbänke quer im Feld. Schulhofgefühle. Ich setzte mich auf eine Bank, schöpfte tief Luft, sah zum Himmel, der grau und feucht wie ein Leintuch über uns hing, dachte: Ostern, ja richtig, heute ist Ostersonntag. Mein Gott, das gab es einmal: richtiges Ostern. Da zog man sich früh seinen Sonntagsstaat an, ging zur Kirche, da suchte man Eier im Garten, rote, blaue und grüne, trank dann im Eßzimmer Kaffee, und Wieman zitierte dazu Goethe im Radio: Vom Eise befreit. Hinterher spielte Elly Ney etwas Starkes vom Meister.

Jetzt ist das alles aus. Kein Goethe und Beethoven mehr, kein Auferstehen. Jetzt sind alle Kanonen der Welt auf Deutschland gerichtet. Das Ende ist da, das richtige Weltende, wie es in der Bibel steht: Es werden vom Himmel Feuer fallen, und ihr werdet erstarren, wie Lots Frau erstarrte. Das Reich bricht entzwei, sein Reich, unser Reich, deutsches Reich bricht entzwei. Jetzt wird nur noch gestorben. Gott sei Dank: Deutsches Reich bricht endlich entzwei. Beim Verpflegungsdepot geht es zu wie auf allen Verpflegungsdepots der Welt. Die überstehen alle Weltuntergänge. Ein Kellergeschoß, halbdunkle Gänge, Verschläge, Schalter, Verbotsschilder, an einem Schwarzen Brett flattert noch ein Regimentsbefehl. Ein dicker Obergefreiter hockt wie ein Kolonialwarenhändler träge und feist hinter seinen Büchsen, hat wie ein

Ladenschwengel einen Bleistift hinter dem Ohr, schiebt mir nach einigem Hin und Her mit herablassender Gleichgültigkeit Brote und Wurststücke und einen mächtigen Klotz Margarine zu. Zigaretten drauf, Marmelade darüber, Bierflaschen. Ich lasse alles in meine Zeltplane plumpsen, werfe sie wie einen Sack über den Rücken, trabe zurück.

Etwas Nebel und Feuchtigkeit steigt jetzt schon vom Boden auf. Es ist kaum fünf Uhr und schon fast wieder Dämmerung. Irgendwo in der Ferne tuckert ein Maschinengewehr. Glitschiger, lehmiger Boden, in den ich einsinke. Gleich neben der Schulruine liegt unser Bunker. So etwas Ähnliches wie ein Kompaniegefechtsstand ist hier für die Kampfgruppe Grasmehl improvisiert. In einer Hausruine, deren Zimmerwände nackt in den Himmel stehen, eine Art Schreibstube. Zwei Feldwebel hocken hier herum, kurbeln nervös an einem Feldtelefon: »Hören Sie uns? Hier Kampfgruppe Grasmehl! Hallo, ist da die Division?« Ich gebe mein Zeug ab und versuche mich in so etwas Ähnlichem wie einer Ehrenbezeigung. Mir gelang das nie richtig soldatisch, aber die beiden am Telefon nehmen das jetzt nicht mehr so ernst. Sie sagen: »Na gut, hau schon ab!« Sagen es wie zu einem Hund. Übersehen meine miserable Zivilistenmanier. Das ist ein deutliches Zeichen: Wenn deutsche Feldwebel menschlich werden, dann ist allemal ein Weltkrieg verloren.

Draußen hinter dem Haus plötzlich das große Erschrecken. Ich habe es bis heute nicht vergessen, ich werde es nie vergessen. Da steht Hermann Suhren vor einer Mauer und sieht aus fast wie Jesus. Sie haben ihm das Koppelschloß abgenommen, seinen Obergefreitenwinkel heruntergerissen, um die Augen haben sie ihm ein weißes Tuch gebunden. Er sieht wie ein Verwundeter aus, der gerade am Kopf verbunden wurde, und er war auch verwundet worden; vor einem Jahr in Cassino, zusammen mit mir, auch Ostern, Ostern 44, waren wir beide bei dem Sturm auf die Höhe 503 gleich unter dem Kloster verwundet worden. Wir hatten uns im Lazarett in Bozen wiedergesehen, und dann, in Deutschland, waren wir Freunde geworden. Von Brandenburg aus waren wir vor einer Woche zusammen hierhergekommen. Hermann war Uhrmacher, stammte hier irgendwo aus der westfälischen Erde, war auf jene dumpfe und treue Art katholisch, wie Jungens aus Westfalen es öfters sind, und war so gefeit gegen den verbissenen Fanatismus der Endsieger. »Kerle«, sagte er öfters zu mir, »wenn das mal schiefgeht – o Gott, o Gott!«

Jetzt erschießen sie ihn. Ein Fallschirmjäger-Leutnant steht zwanzig Meter vor ihm, zwei Unteroffiziere neben ihm. Der Leutnant hat seine Maschinenpistole über Schulter und Hüfte gespannt. Ich kenne ihn gar nicht, habe ihn nie gesehen, er sieht schlank und blond und drahtig wie alle Leutnants der Welt aus, und während ich noch dazwischenstürzen will: Hermann, was ist, was machen sie mit dir, das ist doch unmöglich, das muß doch ein Irrtum sein, höre ich plötzlich die Maschinenpistole hell loskläffen, ein irrer Feuerstoß, nur fünf oder sechs Schüsse, ganz kurz, ganz knapp und genau gezielt, und ich sehe, wie Hermann Suhren an der Wand lautlos zusammensackt. Er fällt wie ein Mehlsack langsam nach vorn, krümmt sich zusammen, stürzt mit dem Kopf zuerst in den Lehm, klatscht auf, gibt keinen Ton von sich. Ich kenne das: Kugeln sind eine schmerzlose Art zu sterben. Du spürst nur einen dumpfen Schlag, nicht mehr.

Später erfuhr ich einige Zusammenhänge. Er war aus seinem Loch davongekrochen, war schon einen halben Tag nicht auf seinem Posten gefunden worden, war hier hinter dieser Hausruine verschwunden. Ich weiß bis heute nicht, ob er nur einfach Schutz suchte, vernünftigen soldatischen Schutz vor dem Orkan von Eisen, der auf uns niederging, oder ob er nicht mehr kämpfen wollte. Sein Heimatdorf war ja nicht weit. Damals war schon alles kurz vor der Auflösung, der Krieg ein nahendes Chaos, ein Wirrwarr von lauter Einzelnen, Versprengten, Rückzüglern und Durchhalteposten. Immer noch kämpften einige verbissen, immer noch glaubten manche an den Sieg, und dazwischen suchte jeder seine Haut zu retten. Aber einer hatte ihn erwischt. Einer von diesen blonden, nordischen Göttern, die der Krieg geboren und emporgetragen hatte, hatte ihn in der Hausruine, etwa dreihundert Meter hinter der Front, schlafend erwischt, hatte daraus einen Fall von unerlaubter Entfernung von der Truppe gemacht, einen Fall von Feigheit vor dem Feinde, einen Fall von Fahnenflucht, und machte mit ihm nun kurzen Prozeß. Das war erlaubt. Es gab damals solche Befehle, irre Befehle des finsteren Mannes in Berlin, um die Manneszucht und Kampfmoral der Truppe intakt zu halten. Die Sache war damals fast legal; jeder Offizier konnte damals jeden Soldaten, der flüchtete, auf der Stelle erschießen.

Für mich aber war es die Stunde, wo ich erwachte, wo ich aufschreckte aus vierjährigem Soldatenschlaf, wo ich sagte: Es ist aus, es ist Schluß, du bleibst keinen Tag mehr in diesem Volk. Es war meine Sekunde der Wahrheit. Es war plötzlich nur Wut und Haß und Protest in mir: Hermann, jetzt haben sie dich umgebracht, dich aus Cassino, dich aus Westfalen, sie haben Millionen Menschen erschossen, wir alle haben geschossen, unsere Hände sind alle voll Blut. Europa ist ein Blutbad, die Festung Europa ein Schlachthaus; so langsam werden hier alle von allen erschossen. Der Krieg ist ein abscheuliches, sinnloses Gemetzel geworden, so abscheulich wie unsere deutsche Mythologie: blutende Walstatt, König Etzels Tod und Kriemhild und Siegfried und Trauer über Walhall. Ach, dieses Volk, dem ich zugehöre. Was ist mit diesem Volk, das sich so blutig hinschlachten läßt, das noch seine eigenen Leute in letzter Minute erschießt und ersticht, ermordet und erschlägt? Ich hasse dieses Volk der Nibelungentreue mit dem Zug zur heroischen Größe, mit dem finsteren Richard-Wagner-Gesicht, diese Mörderbande, diese Schlächtergesellen, die hier auf der Bühne der Geschichte, als Generäle und Kriegsgerichtsräte verkleidet, uralte deutsche Nibelungensage spielen, Götterdämmerung bei Lünen. Ich will kein Deutscher mehr sein. Ich will dieses Volk verlassen. Ich gehe rüber.

Ich weiß, das Ganze klingt wenig ruhmvoll. Es ist fünf Minuten vor zwölf. Das Reich bricht wie ein alter Schrank auseinander, es hat nur siebzig Jahre gehalten. Sie haben es in Jalta längst aufgeteilt. In Berlin tragen die mächtigen Männer seit Wochen die kleinen Ampullen bei sich, auf die sie beißen werden, wenn sie nach ihrem Höllengalopp durch die Geschichte am Ziel sind. In vier Wochen werden sie beißen. In diesem Augenblick, wo überall der Spuk verschwindet, wo selbst Blinde wieder sehend werden, kommst du rüber, du, ein kleiner Obergefreiter der Wehrmacht, fünfundzwanzig Jahre alt, einer aus zwanzig Millionen Uniformierten, und trittst mutterseelenallein vor die Vereinigten Staaten von Nordamerika und sagst: Ich will nicht mehr, ich kann nicht mehr. Ich komme aus Haß gegen Hitler und aus Wut und Verzweiflung über mein Volk. Diese verdammte deutsche Treue! Ich weiß, diese Pose kommt etwas zu spät, riecht fast schon nach Anbiederung. Das geht nicht mehr. Du solltest mit ihnen untergehen. Sie werden nur grinsen und sagen: Seht sie euch an, diese Deutschen, jetzt kommen sie einzeln angekrochen und wollen schon immer dagegen gewesen sein. Ein ekelhaftes Volk von Untertanen. Jetzt, wo der Antifaschismus zu Schleuderpreisen auf den Märkten der Welt feilgeboten wird, verraten sie ihre eigene Sache. Ein ekelhafter Fall von Verrat.

Ich bin damals doch rübergegangen. Ich war nur von Haß erfüllt, war aufgeschreckt aus der Lethargie meines Landserlebens, war hellwach und sagte mir: Jetzt muß etwas geschehen. Jetzt mußt du handeln. Jetzt darfst du nicht mehr mitmachen. Ich kroch in mein Loch zurück, es war schon dunkel geworden am Dortmund-Ems-Kanal, ich glitschte richtig rein in die Lehmkuhle, ließ mich fallen, griff zum Karabiner, legte ihn schußbereit hin, wollte ja schießen, es war eine sinnlose Handlung, wir saßen da wie Pappkameraden und hatten schon seit zwei Tagen keine Gewehrmunition mehr. Manchmal, wenn die von drüben Leuchtmunition schossen, wurde es plötzlich strahlend hell, und alles sah für wenige Sekunden wie ein Schlachtfeld bei einer Shakespeare-Aufführung aus: ›Macbeth‹ in Gießen oder Bad Kissingen. Warum haben Weltuntergänge immer diesen Anstrich von richtigen Provinzinszenierungen? Ist die Weltgeschichte im Grunde eine Puccini-Oper?

Im Loch neben mir hockte jetzt ein Neuer. Ein junger Kerl, Anfang Zwanzig, intelligentes Bauerngesicht, schwarzer Haarschopf, den ich plötzlich sehe, als er mitten im Feuer seinen Stahlhelm abnimmt. Ist er irr? Mitten im Krepieren der Granaten hat er einen winzigen Taschenspiegel vor sich aufgebaut, holt aus seiner Hose einen Kamm, macht ihn mit Spucke naß und beginnt, sich seine Haare zu frisieren, interessiert sich nur für seinen geraden Scheitel, fummelt an sich herum wie ein Tangojüngling im Bad, bevor er des Abends groß ausgeht. Ein richtiger Narziß im deutschen Endkampf. Mein Gott, setz doch den Helm endlich auf, hier fliegen Granatsplitter herum wie Mücken im Herbst am Wannsee, laß doch deine Visage, die kommen hier sowieso bald runter, hör auf mit dieser schlechten Platenszene im Schützengraben: Eros und Thanatos, deutscher Jüngling schmückt sich gelassen zum Tod, Böcklinmotiv oder Feuerbach. Das ist ja wieder so eine gräßliche Puccini-Idee aus der deutschen Bürgerromantik: Schönheit und Tod sind Zwillingsbrüder. Wieder dieser Provinzgeschmack im deutschen Untergang. Der Herr da oben, der das Ganze nach Hegel doch leiten soll, muß ja ein seltsamer Mann sein: ein richtiger Striese auf seinem göttlichen Thron. Abscheuliche Schmiere – die Weltgeschichte.

Aber dann weiß ich plötzlich: Der ist richtig, der genau. Dem kann das Reich doch auch nicht so wichtig sein. Und während jetzt die Abendverpflegung verteilt wird, wir im Dunkeln nach Wurst und Bier und Marmelade tasten, beuge ich mich zu ihm rüber und sage so im Kauen beiläufig: »Heute nacht hau' ich ab. Kommst du mit?« Ich bin nie ein guter Soldat gewesen, aber ich weiß, daß man solche Grenzgänge nicht allein unternehmen darf. Man muß das zu zweit machen. Man kann sich dann helfen. Allein ist man immer verloren. Und der drüben sieht mich etwas grinsend und ungläubig an, hat längst den Helm wieder aufgesetzt und fragt erstaunt: »Mensch, so einfach rüber? Zu den Amis? Bist du verrückt?« – »Ja«, sage ich, »heute nacht. Wenn du willst, kannst du mitkommen.« Der andere brummte etwas vor sich hin, das man so oder so auslegen konnte. Im Augenblick schien ihn die Wurst mehr zu interessieren.

Es gibt eherne Regeln im Kriege, taktische Regeln, auf die man sich immer verlassen kann, und zu ihnen gehört, daß auch das schlimmste Trommelfeuer bald nach Mitternacht eingestellt wird. Bis zum Morgengrauen hat man dann Ruhe. Die Helden wollen dann schlafen. Als die Leuchtziffern meiner Armbanduhr genau drei zeigten, kletterte ich aus meinem Loch, nahm mein Zeug lautlos zusammen, stieß ihn mit dem Fuß an und flüsterte: »Los, komm mit!« Und der andere erhebt sich wie im Traum, vielleicht hat er geschlafen, und kriecht mir nach. Seltsam, denke ich, wenn man sie nur richtig stößt und »los« sagt, folgen sie dir bis ans Ende der Welt.

Wir arbeiten uns langsam wie Raubtiere im Urwald Meter für Meter zum Kanalufer vor. Vorn ist eine Brükke, ein schmaler, eiserner Viadukt, der längst gesprengt ist, die schwarzen Träger sind in den Kanal gestürzt. Von unserer Seite aus kann man sich da hinunterhangeln. In der Dunkelheit ist nicht mehr als ein geborstener Pfeiler und diese verrutschte Stahlschiene zu sehen, die unten irgendwo im Wasser enden muß. Das wird man ja sehen. Das Ganze hat etwas vom Urwald. Mit unseren Armen hängen wir jetzt wie Affen an diesem schwarzen, glitschigen Träger, krallen uns an den Seiten fest und hangeln uns hinunter. Nun ade, du mein lieb' Heimatland – hatte ich das nicht einmal in der Schule gelernt?

Plötzlich höre ich ein Platschen und Klatschen, ich spüre Wasser, lasse mich fallen, stehe bis zum Koppelschloß im Wasser, aber nicht tiefer, ein Glucksen und Rauschen um mich. Mein Gott, wir verraten uns. Das muß ja hier jeder hören. Man hatte es gehört. Es gab plötzlich Feuer, ein Maschinengewehr von unserer Seite, einige Karabiner bellten kurz auf. Dann wurde es wieder ruhig. Es war wohl eine Routinereaktion der Wachen. So standen wir eine kleine Ewigkeit im Wasser, wagten uns nicht zu bewegen, zitterten vor Kälte und Angst. Mein Gott, wenn die uns jetzt erwischen! Du hast nicht einmal mehr Munition, um zurückzuschießen. Aber nein, die kriegen dich nicht. Du wirst lieber untergehen, ertrinken oder ihnen die Waffe aus der Hand reißen, ihnen mit dem Gewehrkolben ins Gesicht schlagen und dich selber erschießen. Lebend bekommt ihr mich nicht mehr, ihr Herren. Es ist aus. Ich habe mich entschieden. Ich will lieber tot sein als noch länger deutscher Soldat. Die Brücke ist eingestürzt, ich stehe schon tief im Wasser, ich schwimme gen Westen, nun ade – ich gehe zum Feind.

Osternacht am Dortmund-Ems-Kanal. Das Wasser schlägt hoch und gluckst manchmal aus den Schaftstiefeln in Blasen empor. Der Herr ist auferstanden, wahrlich, er ist auferstanden. Sie haben Hermann erschossen, alle werden jetzt erschossen, ich will nicht mehr, ich kann nicht mehr, ich war einmal ein Soldat, ich war einmal ein Student, ich war einmal ein Sohn aus Berlin, auf den seine Eltern Hoffnungen setzten. In Berlin haust jetzt der finstere Mann und läßt alles verbrennen. Er wird sich zum Schluß selber verbrennen. Wir sind in die Mühlen der Geschichte geraten, wir Bürgerkinder aus Hamburg und Breslau, wir deutschen Söhne, jeder von uns wird jetzt für sich gemahlen, wie tausend Körner, wir werden zerstampft und in den Kuchen der Geschichte gerührt. Jetzt rühren die anderen Völker den Kuchen: die Amerikaner und die Russen, die Engländer und die Franzosen, und die Deutschen werden zerstampft. Gott sei Dank: Es ist aus mit den Deutschen in der Geschichte. Ich habe mein Volk verlassen. Ich bin frei.

Und dann plötzlich, es war wohl mehr als eine Stunde vergangen, standen wir tatsächlich drüben am anderen Ufer. Wir standen in Feindesland. Ich war fünfundzwanzig, triefte von Wasser, zitterte vor Kälte und Angst und stand zum erstenmal auf deutschem Boden ohne Hitler. Deutscher Boden ohne Hitler? Sieh ihn dir an, diesen dunklen, vom Winter verwaschenen Grasboden unter deinen Füßen, sieh dir das an, diese wenigen Quadratmeter westfälischer Erde, Feindesland, das gibt es, die gehören ihm nicht mehr, der Grund, auf dem du jetzt stehst, auf dem gibt es keine SS und keine Kriegsgerichtsräte mehr. Deutscher Boden ohne Hitler, freies Deutschland im Dunkel der Nacht, daß es so etwas überhaupt geben kann? Deine ganze Jugend ist rückgängig gemacht: daß man ihm Deutschland entreißen kann, daß es das gibt. Wirf dich nieder, küsse den Boden, sage: Er ist auferstanden. Jürgen, respondiere: Wahrlich, er ist auferstanden.

Wir warfen uns nicht zu Boden, wir küßten die Erde nicht, aber ich weiß, daß ich zu Jürgen sagte: »Los, schmeiß das jetzt weg!« Und wir nahmen unsere Karabiner und unsere Stahlhelme, unsere Seitengewehre und Gasmasken und ließen sie auf den Boden fallen, der frei von Hitler war. Ich war vierzehn Jahre, als Hitler zur Macht kam, ich kannte nur dieses Reich, sein Reich, unser Reich, ich kannte nur Haß und Krieg und daß wir uns alle bis zum letzten aufopfern müßten. Ich hatte immer nur gehört, daß draußen die Juden, die Bolschewisten, die Plutokraten herrschten, alles Feinde, alles Wilde, alles Untermenschen, die unser armes, stolzes Land zertreten, vernichten wollten. Ich hatte nie einen Amerikaner oder einen Russen gesehen. Ich wußte eigentlich gar nicht, zu wem ich überlief und was mich da wohl erwarten würde. Ich wußte nur: Hier ist zum erstenmal Deutschland ohne Hitler, hier ist Erde, die er nicht mehr beherrscht. Seine Macht ist gebrochen. Diese Erde ist gut.

Also kein Ostergruß, kein Osterdank, aber doch wohl so etwas wie ein kindlicher Freudentanz: Mensch, Jürgen, wir haben es geschafft! Wir sind frei, wir sind keine Soldaten mehr, der Krieg ist aus! Weißt du, was das heißt: Der Krieg ist aus? Der Krieg ist wie eine schwarze, giftige Wolke, die über die Völker kommt, sie lähmt, sie blendet, man kann sich nicht wehren. Aber jetzt haben wir uns gewehrt, wir sind ausgebrochen aus diesem Zirkel des Todes, haben dem Völkerschicksal ein Schnippchen geschlagen. Wir konnten diesen Krieg nicht verhindern, gewiß nicht, aber wir haben ihn doch beenden können. Wir allein. Das ist unsere Leistung, unsere Tat. Heute nacht, in der Osternacht 45, wurde der Krieg zwischen Deutschland und der Welt beendet, und wir beide haben es getan.

Wir sind wie zwei Generäle, die jetzt zur Unterzeichnung der Kapitulationsurkunde gehen. Unsere Generäle tun es ja nicht, die kämpfen immer noch weiter für Hitler. So müssen wir es tun, Jürgen, du und ich. Zwei Obergefreite kommen zum Feind und sagen: Der Zweite Weltkrieg ist aus. Wir kapitulieren im Namen Deutschlands. Unsere Mächtigen tun es ja nicht.

Wir waren schon eine halbe Stunde unterwegs, wir liefen einfach querfeldein, liefen wie richtige Zivilisten, meinten, nun müsse doch endlich etwas kommen, aber es kam nichts. Hinter uns im Osten begann es schon zu dämmern. Die Amerikaner dachten offenbar nicht daran, ihre Soldaten im Nahkampf aufzuopfern. Sie hatten erst ganz weit hinten ihre schweren Geschütze stehen und dazwischen vielleicht ein paar Posten und Granatwerfer – mehr nicht.

Es war ein feuchter, nebliger Märzmorgen so um fünf, nicht mehr Nacht, aber auch noch nicht Tag, die Stunde, wo man sich sonst auf Wache so gräßlich verkatert fühlte, kein Schlaf und kein Wachsein, sondern beides in einem. Mein Gott, wie oft hast du um fünf Uhr früh in Rußland auf Wache gestanden und sahst mit einem ekelhaften Geschmack im Munde dem Sonnenaufgang, dem Erwachen des Tages zu und dachtest: Wie lange soll das noch gehen mit Hitler? Nirgendwo auf der Welt gibt es schönere, weitere, phantastischere Sonnenaufgänge als über Rußlands Ebenen. Das ist ein Farbenspiel von Rotviolett bis Hellgelb, ein richtiger Kampf des Lichtes mit der Finsternis wie in der Wüste. Ja, in der Wüste muß die Sonne vielleicht auch so groß sein wie über Rußland. Das ist lange her. Die Deutschen sind längst aus Rußland vertrieben, sie sind aus der Wüste vertrieben, jetzt stehen die Deutschen hier Wache, und hier in Deutschland ist alles klein und eng, dunkel und feucht: Die Sonne geht hier ganz ohne Größe auf und unter.

Plötzlich höre ich etwas klappern und trappeln. »Bleib stehen, Jürgen«, sage ich, »rühr dich nicht. Hörst du denn nichts? Das ist doch kein Gebüsch mehr.« Und plötzlich taucht aus dem Nebel der Dämmerung eine Gruppe auf. Ich habe noch nie einen amerikanischen Soldaten gesehen, weiß gar nicht, wie sie aussehen, und weiß doch sofort: Das sind sie – natürlich. Sie tauchen wie Gespenster aus dem Dunkel auf, stehen plötzlich wie Pappeln in der Nacht riesengroß vor uns, zwei Neger und zwei Weiße in graugrüner Felduniform, Maschinenpistolen im Arm, Granaten am Gürtel, den Helm lässig nach hinten geschoben, trotten so zur Front, und wie sie uns plötzlich bemerken, durchzuckt sie ein mächtiges Erschrecken. »Oh, Germans!« stößt einer aus, pfeift durch die Zähne, und die hinter ihm heben schon die Arme, wollen sich gleich ergeben, meinen, einem deutschen Stoßtrupp in die Hände gelaufen zu sein. Wollen sich lieber gefangen geben – safety first. Wir beide sind naß und barhäuptig, sind ganz ohne Waffen und haben unsere liebe Mühe, ihnen klarzumachen, daß nicht wir sie, daß sie uns gefangennehmen möchten. Es ist so schwer, das Rollenspiel zu erklären. Das dauert eine Weile. Mein Schulenglisch erweist sich für solche Hinweise als äußerst dürftig. Ich kenne wohl Shakespeare und etwas von Milton, habe neun Jahre Englisch gelernt, aber wie man das eigentlich ausdrückt, das mit Hermann Suhren, das mit unseren Generälen und Hitler und daß nun Frieden sein soll, das hatte ich nicht gelernt. Ich umschrieb, radebrechte und stotterte etwas zusammen. Allmählich begriffen sie, nickten, einer lachte kurz, kratzte sich nachdenklich am Hals, und der Anführer sagte nach einer Weile: »Okay.« Ich verstand das nicht, hatte es noch nie gehört, aber dann nahmen uns die anderen in die Mitte, sagten: »Go on, let's go!« und zogen mit uns davon. Nun ade, wir sind nun fest in Feindes Hand. Wir haben es geschafft.

Amerika ist für jeden Fremden ein richtiges Wunder. Wenn das Schiff des Morgens in Manhattan anlegt, erwartet den Reisenden eine weite und kühne, eine vernünftige und phantastische Welt. Ich hatte sie nie gesehen, und doch – mein Wunder war größer, mein Amerika erstaunlicher. Ich wechselte direkt von Unna und Lünen in die Staaten über, ich kam aus Hitlers Reich, es war wie ein harter Schnitt im Film der Zeit.

Wir stehen in einem Gefechtsstand der US-Army in einem alten Bauernhaus, aber drinnen geht es zu wie in einer seltsamen Mischung aus Tennisklub und Flugzeugkanzel, viele Soldaten, Weiße und Farbige, viele Telefone und Funksprechgeräte, manche haben Kopfhörer um und hören zugleich einem Kofferradio zu, aus dem Jazzmusik dringt. Alle sind gut gekleidet, gesund, bewegen sich locker und federnd. Sie gehen miteinander um wie in einer Sportgruppe, sie tragen alle ganz enge Hosen und graugrüne Blusen. Ich suche immer nach Schulterstücken, ich kann nicht unterscheiden, wer hier eigentlich Offizier, wer Soldat ist. Ich stehe einfach da und staune, beobachte, wie sie miteinander reden: kurz und doch lakonisch, wie sie rauchen: bewußt und zugleich etwas süchtig, wie sie telefonieren: bestimmt und doch sehr lässig. Manche haben ein smartes Lächeln um den Mund, wenn sie sprechen, sie lächeln immer, andere sind richtig lustig wie Jungens, die mitten in einem Indianerspiel sind. Ist das denn ein lustiger Krieg hier drüben? Ich weiß es nicht, es ist alles so verwirrend und fremd für mich, ich weiß nur plötzlich, noch bevor ich hier ein Wort gesagt habe, aus was für einer abgestandenen, gräßlichen, ranzigen Welt ich komme. Bei uns tragen alle Soldaten einen Scheitel, haben Pickel im Gesicht, zeigen verkniffene Mienen, stehen stramm, lassen andere vor ihren glitzernden Schulterstücken strammstehen: brüllen. Immer wurde in Deutschland gebrüllt: Der Führer brüllte den Gauleiter an, die Generäle die Offiziere, die Offiziere die Feldwebel, und mein Unteroffizier brüllte mich an: Sie Rindvieh, Sie wollen Studierter sein?

Und nun stehe ich hier, Deutschlands kläglichster Sohn, ein Überläufer und Verräter, stehe in einer verdreckten, nassen Uniform, lasse Wasser unter mich, mein Gesicht ist feucht und lehmverschmiert, meine Hände schwarz von Erde. Ich habe nicht einmal eine Mütze mehr, sehe aus wie ein verregneter Hund, den man aus dem Graben zog, und höre mich ganz leise sagen: »Ich bin freiwillig gekommen. Ich habe Jürgen Lubahn aus Lübeck mitgebracht. Wir hassen diesen Krieg. Wir hassen Hitler. Wir sind doch nur lauter Lazarettkranke.

Wenn Sie mit Ihren furchtbaren Waffen aufhören, meine Herren, erkläre ich Ihnen unsere Stellungen, das bißchen, was ich weiß. Aber Sie müssen endlich mit diesem Gemetzel aufhören. Wir haben keine Munition mehr.«

Ich habe damals wirklich »meine Herren« gesagt, und ich habe das alles deutsch gesagt, denn nach einigen englischen Versuchen sagte der Uniformierte, der mich verhörte – es schien ein Leutnant zu sein –: »You may speak German. This is Mister Levison. He read in Heidelberg with Mister Weber and Mister Jaspers. He will interpret.«

Ich weiß, das klingt ein wenig skurril und seltsam, aber es war so, so war es genau. Ich war aus dem Dreck des Grabenkrieges zum Feind übergelaufen, ich war ein Student der Philosophie, und die ersten Worte, die ersten Namen, die dieser Feind zu mir sprach, waren Mr. Weber und Mr. Jaspers. Die Namen von Philosophen und Soziologen hatte ich in meiner Truppe nie gehört. Für Fallschirmjäger gab es keinen Geist. Das war eine Welt der Landsknechte und Abenteurer, die sagten Scheiße, kniffen das Gesicht zusammen, brüllten dann und tranken Bier dazu.

Und dann gab es eine lange Unterhaltung zwischen Mr. Levison und mir. Ich werde sie nie in meinem Leben vergessen, ein kleines Kolloquium am Ostermontag 45, sieben Uhr morgens. Er sagte Heidelberg, und ich sagte Freiburg. Er sagte Jaspers, und ich sagte Heidegger. »Bevor ich eingezogen wurde«, sagte ich, »habe ich noch in Freiburg ein Semester bei Heidegger studiert: über den Satz des Grundes.« Das interessierte ihn ungemein. Er war offenbar ein deutscher Jude, einer von denen, die noch emigrieren konnten. Er war kein Soldat, er begleitete hier als Zivilist die Truppe für Dolmetscherdienste und als Deutschlandspezialist. Er liebte Deutschland, war ganz glücklich, unter all den Uniformierten jemand vom Fach gefunden zu haben, und es gab nun zwischen ihm und mir eine lange Diskussion über Heidegger und Jaspers, worin sie sich einig seien und worin ihre Differenz bestehe. Es wurde von Daseinsanalytik und Seinsmystik, von der ontologischen Differenz gesprochen, dazwischen kamen Meldungen von der Front, das Radio spielte noch immer Jazz, und dann diskutierten wir darüber, ob und inwieweit das Sein überhaupt vom Dasein her zu explizieren sei. Heidegger hatte ja damals seine Kehre noch nicht gemacht.

Ja, so war das an diesem Ostermontag 45. Alles schien mir ein wenig phantastisch und wie geträumt: Ich hatte mein Volk und mein Vaterland verlassen, und nun fand ich es hier in einem Gefechtsstand des Feindes wieder. Die kennen unseren Geist, die wissen etwas von unseren Philosophen und Denkern, und Mr. Levison bekam ganz glänzende Augen bei dem Wort Heidelberg und begann, mich vor Heidegger zu warnen. Das sei ein dunkler deutscher Weg und nicht zu vergleichen mit der Weite und Helligkeit Alfred Webers. Aber da stand auch noch Jürgen Lubahn neben mir mit seinem dunklen, nassen Haarschopf. Ob er wohl noch den Spiegel bei sich hatte? Es mußte ihm alles unbegreiflich und wie eine geheime Verschwörung erscheinen. Da standen die Neger und Boys der Army, tranken Pulverkaffee, rauchten Zigaretten, und der Offizier wollte nun wissen, wie das mit unseren Stellungen sei. Es war schon hell draußen, aber wir sprachen nur über die deutsche Philosophie und warum es nun ein so furchtbares Ende mit Deutschland genommen habe. Und da dachte ich mit einemmal: Siehst du, so etwas gibt es, immer hast du so etwas gesucht und wußtest nicht, ob es das überhaupt gibt. Mein Gott, wie kann das denn sein? Du hast fünfundzwanzig Jahre in Deutschland gelebt und vier davon bei der Wehrmacht, hast immer geschwiegen, hast immer alles hingenommen, fühltest dich nie in Deutschland zu Hause, und du bist noch nicht eine Stunde beim Feind und fühlst dich bei ihm schon zu Hause. Du bist nicht mehr allein auf der Welt. Der Feind – das ist deine Welt.

Was dann kam, überstürzte sich alles. Das Eis war zerbrochen, und nun wollte ein ganzer Strom empor. Ich berichtete dem Amerikaner über unsere Stellungen, sagte: »Da und dort liegen sie, und da haben sie noch einen Granatwerfer und da hinten ein Flakgeschütz, von unseren gut hundert Mann haben noch viele Karabiner, aber nur wenige noch zwei oder drei Schuß Munition. Und schwere Waffen gibt es überhaupt nicht mehr. Im Hinterland beginnt alles zu fliehen. Hören Sie auf mit diesen schweren Waffen.« Und es dauerte kaum zwanzig Minuten, da wurde es tatsächlich still an unserem Frontabschnitt. Plötzlich war Ruhe, und ich dachte: Das ist deine Tat, dein Osterfrieden.

Sie hatten die Artillerie eingestellt, hatten rasch eine Kampfgruppe zusammengestellt, die gingen als Stoßtrupp rüber, und es war noch nicht zehn oder halb elf, da kamen sie schon zurück, ein riesiger Haufen wie nach einem unverhofften Fischfang. Sie brachten unsere ganze Gruppe mit, hatten sie einfach gefangengenommen. Wie soll ich diesen Augenblick je vergessen? Uwe und Heinz, Fritz und Peter, ihr Jungens aus Brandenburg und Berlin, aus München und Hamburg – ihr alle kommt jetzt als Gefangene. Und du stehst da, lehnst dich an einen Kübelwagen, rauchst eine Zigarette, die sie dir gaben: Lucky Strike, deinen Judaslohn, du hast sie verraten natürlich, aber du hast sie auch nicht verraten. Du hast sie herausgeholt aus dieser blutigen Festung Europa, hast sie aus der Blutsuppe, die der finstere Mann in Berlin jetzt aus uns allen kochen läßt, gerettet. Die Deutschen sind ja jetzt seiner Tragik nicht würdig. Sie gehen geschlagen und stumm an mir vorbei, verführtes Volk, sie gehen wie alle Gefangenen der Welt: müde, erschöpft und dumpf. Sie merken gar nicht, daß du die Ursache ihres Kommens bist. Sie meinen, du seist schon einige Minuten früher

hier eingetroffen. Wer weiß denn in einem solchen Welt-
untergang, wer da der erste, wer der letzte ist? Sie haben
auch deine Flucht nicht bemerkt. Sie werden es nie erfahren, daß heute einer ihrer Obergefreiten hier am Dortmund-Ems-Kanal den Zweiten Weltkrieg auf einer Breite
von knapp einem Kilometer beendet hat. Das ist sehr
wenig, ein Kilometer; immerhin. Es wird mein Geheimnis bleiben.

Am Nachmittag wurden wir dann zu Gefangenenkom-
panien zusammengestellt. Es kam ein Sergeant und sagte:
»Der da soll rauskommen!« Und so wurde ich noch einmal zu Mr. Levison und dem Leutnant geführt. Die
Truppe war jetzt schon in Bewegung, man brach ab, würde nun über das Ruhrgebiet weiter nach Deutschland
vorstoßen. Von Unna bis Hitler waren es noch knapp
vier Wochen. Und der Leutnant sagte: »Wir danken Ihnen. Das war gut. Aber wir können Ihnen nun auch nicht
helfen. Sie werden jetzt in Gefangenschaft kommen, ein
Gefangener wie jeder andere. Ist das klar?« Und nach
einer Weile des Zögerns sagte er: »Geben Sie Ihr Soldbuch. Ich will Ihnen wenigstens etwas reinschreiben.
Vielleicht kann es Ihnen bei uns einmal helfen.« Und er
nahm mein Soldbuch, schlug seine erste Seite auf und
schrieb unter meine Nummer mit Bleistift und in kleinen
lateinischen Lettern vier Worte, die mich, als ich sie las,
ein wenig verlegen und betroffen machten. Mein Gott,
das ist nun auch Unsinn, dachte ich. Aber später dann:
Immerhin, ein deutscher Offizier hätte das nie von dir
geschrieben. Und ich war noch nicht aus dem Gefechtsstand heraus, da kam ein Neger und sagte: »Gib deine
Uhr her, gib dein Geld, los, mach schon, verdammt.«
Man nennt das im Landserjargon filzen, und ich gab ihm
die Uhr, gab ihm das Geld und wußte mit einemmal, daß
ich nun ein richtiger Kriegsgefangener war wie Millionen
andere Deutsche auch.

Es begann die herrliche, unbegreifliche Freiheit der Gefangenen. Es begann eine Leidenszeit, die voller Hoffnungen war. Ich lebte nun nur noch in Massen, in müden, stumpfen, hungrigen Haufen, die von Lager zu Lager, von Cage zu Cage geschoben wurden, und ich lebte doch inmitten dieses großen grauen Gefangenenheeres zum erstenmal auf. Ich hatte das Empfinden: Jetzt kommt deine Zeit. Jetzt erwachst du, jetzt kommst du zu dir. Mit Hitler, dem Sieger, wäre es ja doch nie gegangen. Wir sind jetzt ganz unten, aber dieses Unten hier hat Hoffnung, hat Zukunft, hat Chancen in sich. Es geht dir schlecht, aber du weißt, daß es nun besser werden kann. Es wird besser werden. Zum erstenmal erlebte ich, was Zukunft eigentlich ist: Hoffnung, daß es morgen besser wird als heute. Zukunft – das hätte es nie unter Hitler gegeben.

Wir waren nach Frankreich gebracht worden, wir lagen im Lager Cherbourg, unzählige Millionen fielen jetzt in die Hände der Alliierten, und sie waren dieser plötzlichen, wilden Selbstauflösung eines großen und gedemütigten Volkes nicht gewachsen. Es gab viel Hunger, Elend und Regen. Wir standen auf einer Wiese, standen wie Vieh dicht gedrängt, ich hatte nicht einmal einen Mantel mehr, wir standen Tage und Nächte, es gibt kaum Schrecklicheres, als eine Nacht durch auf einer nassen Wiese zu stehen und dann noch eine Nacht; wir gingen auf und ab, hüllten uns in Jacken und Decken. Die Leute warfen jetzt ihre Orden und Schulterstücke weg. Es wimmelte am Boden von Unteroffizierslitzen und Eisernen Kreuzen, wir traten darauf, und dazwischen lagen alte Fünfzigmarkscheine. Das alles sei ja nun auch wertlos, hörte man, und wenn wir einmal eine Zigarette bekamen, dann machte es uns Spaß, sie mit einem Zehnmarkschein, zum Fidibus gedreht, anzuzünden; das schien uns eine billige und hochmütige Art des Vergnügens.

Manches geschah nun. Eines Tages bekommen wir in Cherbourg eine Gefangenenzeitung, und in dieser Zeitung steht in großen Lettern: »Hitler tot.« Er sei in der

Schlacht um Berlin gefallen. Dönitz habe die Reichsregierung übernommen. Tatsächlich stand da eine neue Kabinettsliste, die von dem Großadmiral Dönitz angeführt war. Manche erwachten jetzt aus ihrer Lethargie, viele glaubten der Zeitung nicht, die meisten ließ das ganz gleichgültig, für mich aber war das wieder eine Stunde des Staunens. Ich sehe mich in dem großen Zelt liegen, das wir inzwischen erhalten hatten. Es ist ein schöner, sonniger Maimorgen, schon früh sehr warm, die anderen sind draußen, hocken auf Steinen, lauern auf Essen, drehen sich aus irgendwelchem Stroh etwas Rauchbares, brüten vor sich hin, und ich halte dieses Blatt in den Händen und kann es nicht begreifen, daß es so etwas gibt: bedrucktes Papier in deutscher Sprache, eine ganze Zeitung, die keine Nazis gemacht haben. Eine richtige deutsche Zeitung ohne Haß und Treueschwüre und die Beteuerung des deutschen Endsieges. Es ist wie ein Wunder: daß deutsche Sprache auch ohne Hitler möglich ist, daß sie gegen ihn existieren kann, daß man das machen kann: lauter deutsche Buchstaben, deutsche Sätze gegen Hitler.

Als ich die erste Zeitung zu lesen begann, war er schon an der Macht, ich kannte nur gleichgeschaltete, kämpferische, siegesfrohe Presse: den ›Völkischen Beobachter‹ und den ›Lokal-Anzeiger‹, den ›Angriff‹ und die ›DAZ‹. Es schien mir immer entschieden, daß er auch die deutsche Sprache besiegt hatte, besetzt hielt, und meine Eltern hatten mir immer gesagt: »Was in der Zeitung steht, ist nicht wahr, aber du darfst es nicht sagen. Draußen mußt du immer so tun, als glaubtest du alles.« Deutsche Sprache und Lüge waren für mich identisch geworden. Wirklich sprechen kannst du nur zu Hause. Was in der Zeitung steht, ist immer gelogen, aber du darfst es nicht sagen. Und nun hielt ich hier eine Zeitung in der Hand, die auch deutsch war und nicht log. Wie war das möglich? Wie können Sprache und Wahrheit zusammenfallen? Wie kann es sein, daß man glauben kann, was gedruckt wird? Es war das erste freie deutsche Blatt meines Lebens.

Erst später begriff ich, was da eigentlich gestanden hatte. Es war die darauffolgende Nacht. Wir lagen in einem großen Zelt, lagen auf dem nackten Boden Frankreichs eng an eng. Niemand konnte sich drehen, ohne den anderen mitzudrehen; es war eine komplizierte Art des kollektiven Schlafens. Ich war aus wirren Träumen erwacht und sah plötzlich im Dunkeln diese eine Zeile noch einmal riesengroß vor mir stehen und dachte: Daß du das geschafft hast! Daß du das tatsächlich erlebst! Er ist richtig tot, und kein Fallschirmjäger und kein Ritterkreuzträger wird ihn mehr zum Leben erwecken. Hitler ist tot – hört ihr das? Es ist aus mit seiner Macht, er ist dahingegangen wie alle Kreatur auch, auch er mußte sterben, auch Hitler ist sterblich. Wie kommt es, daß auch die Mächtigen sterben müssen? Haben sie nicht den Tod besiegt? Das hast du nie für möglich gehalten – sei ehrlich. Nie hast du gehofft, daß er sterben würde, immer hast du geglaubt, daß er der Mächtigere, der Größere, der Stärkere sei. Er oder du – das war immer für ihn entschieden. Du wußtest schon 41, daß er nicht siegen würde, es war klar, als er Rußland und Amerika den Krieg erklärte, er konnte nicht siegen. Aber du hattest immer die dunkle Gewißheit, daß es ihm gelingen würde, seine Niederlage lange, vielleicht unendlich lange hinauszuzögern. Europa war damals ja eine Festung, die Alliierten langsam und ganz ohne Siege. Er hatte uns alle in seinem eisernen Griff. Wir alle waren seine Arbeiter, seine Soldaten, seine Sklaven und Diener.

Ich stehe in Paris auf Wache, vor dem Tor des Hospitals Lariboisiere, von wo man so überraschend die weiße Kuppel von Sacré-Cœur sehen kann. Es ist Weihnachten 41, es ist kalt und windig, Schneeflocken fegen über den Boulevard, und ich denke: So wird das nun immer weitergehen – Winter und Sommer. Er hat dich besiegt, er hat uns alle besiegt, ganz Europa liegt ihm zu Füßen. Wir liegen in Bunkern und Gräben für ihn, wir schanzen und schießen für Hitler; ganz Europa ist eine einzige Kasematte, die er Jahrzehnte halten wird. Du wirst Dreißig und Vierzig werden, er hat dir schon deine Jugend geraubt, er wird dir dein ganzes Leben rauben; er wird einmal fallen, aber du wirst früher fallen. Du hast nicht die Kraft mehr. Der Kontinent ist ein Feldlager im Dreißigjährigen Krieg der Deutschen. Das gab es doch. Das hat es schon einmal gegeben. Du hältst das vielleicht noch zwei oder drei Jahre aus – nicht mehr. Du wirst dir selber das Leben nehmen, wirst dich lieber erschießen, du bist einfach zur falschen Zeit geboren.

Das gibt es ja. Du wurdest unter Adolf Hitler geboren. Da mußt du wieder runter. Keine Welt, kein Jahrhundert für dich. Gib dich auf, laß dich fallen. Vielleicht werden dich andere Eltern zu anderen Zeiten neu zeugen. Dies ist nicht deine Zeit. Es ist Hitlers Zeit. Und nun war er plötzlich tot, die Festung war zerbrochen, die Burg bezwungen, der Ring gesprengt, der Dämon war niedergerungen. Hitler war tot, und ich lebte. Es war mir, wie wenn ich in dieser Nacht erst geboren würde. Jetzt würde sicher das Leben beginnen.

Weitere Wunder folgten nun täglich. Eines Morgens kam ein Offizier, von zwei Soldaten begleitet; sie hatten große Listen bei sich und fingen nun an zu sondieren. Sie begannen, nach Nazis und Naziopfern zu forschen, SS-Leute und Widerständler sollten ermittelt werden. Wir mußten den Oberkörper frei machen, und bei dieser Musterung erfuhr ich zum erstenmal, daß es Deutsche gab, die als SS-Zeichen die Blutgruppe eintätowiert hatten, und andere, denen Nummern in den Unterarm eingebrannt worden waren. Die beiden wurden nun getrennt, und es gab ein Stacheldrahtlager, in das die mit der Blutgruppe kamen, und ein anderes, wohin die mit den Nummern unter dem Arm geführt wurden. Das Lager mit den SS-Leuten war noch halb leer, schon damals wollte niemand mehr dabeigewesen sein; es stieß direkt an unser Lager, und des Abends konnte ich sie dort auf Steinen hocken sehen. Es waren magere, resignierte Burschen, die dort verbissen und trotzig herumsaßen, vor sich hin starrten, vielleicht noch immer auf eine wunderbare Wendung hofften. Sie hatten ihr Spiel verloren. Sie hatten überlebt. Es gehörte nicht in ihre Ordnung, Hitler zu überleben. Jetzt mußten sie zahlen. Manchmal kam einer unserer Bewacher und spuckte sie an, und die anderen, die mit den Nummern, bekamen jetzt kleine Vergünstigungen, bekamen mehr zu rauchen und wurden zu Diensten eingeteilt. Sicher würden sie früher entlassen werden.

Es war nicht Rache- oder Triumphgefühl, das mich erfüllte. Wir alle waren ja gefangen, deutsche Gefangene, ein geschlagenes Volk, wir alle aßen jetzt denselben Brei der Niederlage. Aber daß diese Niederlage auch noch Gerechtigkeit nach sich zog, war wiederum eine unbegreifliche Erfahrung für mich. Ich stehe an unserem Käfigtor, Holz und Stacheldraht weit um mich, an unseren Käfig grenzen andere Käfige, an unser Lager grenzen andere Lager. So weit ich sehen kann, nur Steine, Draht und Holzverschläge, hinter denen es immer noch andere Käfige gibt. Wachttürme an den Ecken, die Welt ist ein Lager, hinter dessen Stacheldraht Menschen hocken.

Auf der großen, mit Schottersteinen aufgeworfenen Lagerstraße treffen jetzt täglich neue Transporte ein, ziehen wie riesige müde Herden an mir vorbei. Sie haben jetzt schon die Ränge sortiert; seit gestern sind es nur Offiziere, die kommen, endlose Züge, Tausende von Offizieren schieben sich langsam wie eine graue, zähe Masse an mir vorbei. Sie tragen noch immer ihre Schulterstücke, sehen noch immer wohlgenährt aus, kommen in Fünferreihen mit dumpfem, niedergeschlagenem Blick, tragen feldgraue und grüne und blaue Mäntel, und manche haben dicke Bäuche. Und neben ihnen laufen die farbigen Wachmannschaften, treiben sie dauernd wie Wachhunde mit ihrem »Go on! Let's go!« heftig an, schlagen manchmal, wenn die endlose Prozession fast zum Stehen kommt, mit kleinen Gerten auf einen Rücken, es klatscht: Deutschland, deine Herren kommen hier, es ist aus mit unserer Herrlichkeit, hier werden tausend Offiziere wie eine müde Herde zur Tränke geführt, geschlagene Führung, Elite von gestern, manchmal sind Köpfe dabei, die sehen aus wie die Prittwitz, von Kleist und von Retzow, die tragen Pommerns und Brandenburgs Stolz zu Grab, Söhne von preußischen Edelmännern, die auf den finsteren Mann in Berlin schworen und nun wie wilde Tiere von Negern in große Käfige geführt werden. Ihre Ehre hatten sie schon vorher verloren: der Major der Luftwaffe und der Hauptmann des Heeres. Jetzt kommen Männer mit goldenen Schulterstücken, das müssen Offiziere im Generalsrang sein, und dazwischen andere mit rotbetreßten Hosen: Generalstäbler, und irgendwo wird auch dein Leutnant der Fallschirmjäger dabeisein, der Hermann Suhren erschoß; die Ehre hatte er schon vorher verloren. Und alle ziehen jetzt verstaubt und zerrissen und wie betäubt in Fünferreihen in große Käfige. So wird ein wildes Volk in die Gefangenschaft geführt.

Und ich stehe da an meinem Tor und denke: Das Bild ist nicht neu. Seit Jahrtausenden werden Völker so geschlagen, werden Heere besiegt, und der Sieger nimmt sich immer das Recht, seinen Sieg als einen Sieg der guten Sache, seinen Triumph als einen Triumph der Gerechtigkeit zu verklären. Das ist die sublime Lüge der Weltgeschichte, das Recht des Stärkeren. Es hat nie gestimmt. Man kennt das. Aber siehst du: Diesmal stimmt es wirklich. Dieses eine Mal ist es wirklich wahr, daß unsere Bewacher das Gute und die Männer da draußen das Schlechte vertreten haben. Jetzt werden in unserer zer-

brochenen Festung Europa die Zuchthäuser und Gefäng-
nisse, die Lager und Todesfabriken geöffnet, die Opfer
werden gerettet, die Toten geehrt, die Verfolger werden
bestraft. So etwas hat es noch nie auf der Erde gegeben.
Sieh dir das an, halte das fest, vergiß es nie in diesem
Leben: Es gab einmal einen Krieg, den die Deutschen
und Hitler verloren, und in ihrer Niederlage wurde die
Ordnung der Welt wiederhergestellt. Das Gute war
mächtig und die Bösen geschlagen. Gerechtigkeit war auf
der Welt. Es ist fast wie das Jüngste Gericht: Die Mühlen
des Todes stehen still, jetzt werden die Lämmer von den
Böcken geschieden, Verfolger und Verfolgte werden getrennt, ein großes Buch wird aufgeschlagen.

Und ich dachte: Du hast also Hitler überlebt. Eines
Tages wirst du aus Cherbourg entlassen werden. Du
wirst anfangen zu leben, du wirst lernen, arbeiten, einen
Beruf haben, du wirst älter werden und so langsam deine
Jugend unter Hitler vergessen. Nur das nicht, diese eine
Stunde in Cherbourg, wo die Gerechtigkeit so trium-
phierte. Du hast es mit deinen Augen gesehen, daß es so
etwas gibt. Sage es den anderen weiter, es ist uns so lange
verheißen: der Traum der Völker, Gerechtigkeit. Tau-
sendneunhundertfünfundvierzig nach Jesus Christus: Da
war einmal ein Jahr, da war die Weltgeschichte fast das
Weltgericht.

Gerichtstag

Traum von heute nacht: Ich stehe auf einem Kasernenhof; ich bin noch immer beim Militär. Aber jetzt heißt es Bundeswehr. Alle haben neue, freundliche Uniformen an, hell und gefällig, nur ich trage noch mein altes schäbiges Luftwaffenzeug aus dem Rußlandfeldzug: zerschlissenes Blaugrau, knittrig, fahl, Flecken im Rock; mein Gefreitenwinkel ist wellig zerfranst. Ich will in der Kleiderkammer neue Ausrüstung fassen, aber ich bekomme keine neue Uniform. Ich habe den Kammerbullen verärgert, als ich ihn mit »Herr Feldwebel« anredete. Esel, brüllt er zurück, sehen Sie denn nicht, daß ich Stabsfeldwebel bin? O ja, ich habe mich wohl in seinen Sternen geirrt.

An diesen Traum erinnere ich mich wieder, als ich durch die Berliner Straße fahre. Natürlich, du hast heute nacht vom Militär geträumt. Der Krieg war wieder da. Die Berliner Straße liegt in der Frankfurter Innenstadt parallel zur Zeil. Sie ist erst nach dem Kriege, der die Altstadt zerstörte, als Entlastungsstraße für den Cityverkehr gebaut worden und wie so manches bei unseren heutigen Stadtplanungen nur ein halber Erfolg geworden. Schon vor der Paulskirche staut sich alles.

Ich sitze in meinem Auto. Es ist Donnerstag, der 27. Februar, einer jener schönen, strahlenden Vorfrühlingstage, an denen man eigentlich in den Taunus, in den Spessart, in den Odenwald fahren sollte. Ein verführerischer Tag, hellblau und silbrig strahlend: In der Mittagszeit wird es warm werden. Ich habe das Schiebedach weit geöffnet und versuche vergebens, während der Fahrt eine Zigarre in Brand zu stecken. Ich denke an diesen Traum: Was soll er? Er ist doch nicht wahr. Ich bin doch nicht mehr der Gefreite in der alten Uniform. Hitler ist tot.

Meine Jugend vorbei. Der Traum ist doch falsch. Alle Leute in diesem Lande tragen neue Sachen, sechzig Millionen Deutsche tragen neue Kleider, und ich bin einer von ihnen. Diese Stadt scheint nur aus Neuem zu bestehen: Banken und Kaufhäuser, Schaufenster und Autos strahlen hier den kalten, schönen Glanz von Industrieprodukten aus. Eine neue Epoche hat begonnen: die Epoche der technischen Weltzivilisation. Deutschland ist ein Entwicklungsland der Weltzivilisation und Frankfurt sein kommerzielles Zentrum: nüchtern und hart, schön und brutal, eine Mischung aus Alt-Sachsenhausen und Klein-Chicago.

Ich fahre zum Auschwitz-Prozeß. Man las davon in den Zeitungen: Berichte, Reportagen, Kommentare, die anfangs ein wenig Aufsehen erregten, bald Gleichgültigkeit auslösten. Später griffen Unmut und Überdruß Platz: Was soll das? Es ist alles so kompliziert und langweilig: Fünf Jahre Voruntersuchung, so hört man, und eine Anklageschrift von siebentausend Seiten – wer soll das übersehen, verstehen, verfolgen? Es ist eine Sache für Fachleute. Es ist wie ein Zeitstück, das zehn Jahre zu spät zur Premiere kam: Schon am Tage seiner Uraufführung ist es veraltet. Ein Fortsetzungsroman, der sich seit Monaten spröde dahinquält, ein Roman des Schreckens, der in der Öffentlichkeit Langeweile auslöst: KZ-Greuel – wer kann das noch hören, wen soll das noch interessieren? Wir wissen doch alles. Pflichtreport der großen Zeitungen, Pflichtlektüre für niemanden, kein Stoff für Boulevardblätter, ›Bild‹ war nicht dabei, kein Thema für Partys, und als ich neulich so beiläufig sagte: »Ich gehe zum Auschwitz-Prozeß«, entstand unter den abendlichen Gästen für einen Augenblick verlegenes, betroffenes Schweigen. »Ja, ja, furchtbar«, sagte jemand im Hintergrund. »Sie Ärmster«, fügte eine Dame hinzu, und die Gastgeberin schenkte neuen Whisky ein und versuchte von diesem Wort abzulenken. Ich schwieg; es waren hier keine Nazis. Ich hatte nur in einer Abendgesellschaft ein unpassendes Wort gebraucht: Auschwitz sagt man in unserem Lande nach Dienstschluß nicht gern; es ist ein verpöntes Wort.

Ich fahre zum Auschwitz-Prozeß, weil ich das sehen will. Ich meine, Sehen entzaubert jeden Spuk. Auschwitz ist wie ein Spuk. Das Wort ist zu einer seltsamen Metapher geworden: Metapher des Bösen in unserer Zeit. Blut und Angst und Grauen schwingt da mit, geschundenes, verbranntes Menschenfleisch, rauchende Schornsteine und unzählige deutsche Buchhalter, die das alles eifrig notieren. Auschwitz ist wie eine neue Strophe zu einem mittelalterlichen Totentanz; man denkt an Gerippe, Gebeinhaus, Sensenmann und Leichentuch und an die neue Mechanik des Sterbens: Gas. Man sagt, es gäbe in unserer aufgeklärten Epoche keine Mythen mehr; aber immer, wenn ich das Wort höre, ist mir, als berühre mich eine mythische Chiffre vom Tode in unserer Zeit: Totentanz im industriellen Zeitalter, ein neuer Mythos vom verwalteten Tod, der hier begann. Treibt nicht die Geschichte von Zeit zu Zeit neue Mythen aus ihrem Schoß hervor? Ist Auschwitz nicht wirklich Rosenbergs Vision: der Mythos des 20. Jahrhunderts?

Ich fahre zum Auschwitz-Prozeß, um diesen Mythos in mir aufzuklären. Ich will nur dasitzen und zuhören, zusehen und beobachten. Es ist eine letzte Chance. Jetzt hat noch einmal diese Welle politischer Prozesse begonnen. Sie ist wichtig. Es ist eine letzte Möglichkeit, der Vergangenheit in Fleisch und Blut, der Geschichte in ihren Akteuren zu begegnen, die Täter und ihre Opfer nicht als Standbilder des Schreckens oder des Leidens, sondern als Menschen wie du und ich. Ich will dieses Drama der Zeitgenossen sehen, bevor es in den Abgrund der Geschichte versinkt. Ich will meiner Jugend unter Hitler noch einmal begegnen.

Nach dieser Prozeßwelle wird der Vorhang der Zeit für

immer geschlossen. Das Stück ist aus. Der Stoff wird
Geschichte werden, wird in die Hände der Historiker
übergehen, es wird Thesen, Richtungen und Lehrmei-
nungen geben; die Kinder werden es in der Schule lernen, widerwillig und langweilig wie ein Schillergedicht:
Stoff für die Oberstufe, wie der Satz des Pythagoras
oder die Anabasis des Xenophon. In zwei Generationen
eine Prüfungsaufgabe für Abiturienten, die man büffeln
muß: Erzählen Sie uns etwas aus den vierziger Jahren in
Osteuropa. Und der Prüfling, zögernd: Es war da ein
großer Krieg, und die Russen und die Deutschen und
die Polen. Und der Prüfer, etwas schärfer: Was geschah
damals in Auschwitz? Und es wird dem Prüfling vielleicht so fern und fremd klingen wie uns die Schlacht auf
den Katalaunischen Feldern. Vielleicht hat er es nicht
gelernt. Muß man denn alles aus der Geschichte lernen?

Der Auschwitz-Prozeß wird an diesem strahlenden
Februartag noch im Stadtverordnetensaal des Frankfurter Römers verhandelt. Frankfurt ist eine laute, geschäf-
tige, wohlhabende Stadt, ein wenig hektisch und ordi-
när, viel Opel Rekord, viel Kaufleute, aber dieser Boden
hier trägt seltsame Weihe der Geschichte. Die deutschen
Kaiser wurden hier seit 1562 geweiht. Wenige hundert
Meter entfernt steht der Kaiserdom, der eigentlich gar
kein Dom ist, da er nie Bischofssitz war und eigentlich
ganz schlicht die Pfarrkirche Sankt Bartholomäus ist.
Aber diese wenigen hundert Meter waren einmal – wer
weiß das hier? – der sakrale Mittelpunkt des Heiligen
Römischen Reiches Deutscher Nation. Die Krönungs-
diarien berichten über die feierliche Handlung beim
Empfang des Erwählten am Portal des Domes. Sie berichten über die Krönungsmesse, das Anlegen des kai-
serlichen Ornats, das Umgürten mit dem Schwert Karls
des Großen, sie berichten von der Überreichung der
Reichsinsignien, der Proklamation und Altarsetzung des
Gekrönten. Dann ging es in feierlichem Zuge zur Niko-

laikirche und zum Römer hinüber: Der Gekrönte im großen Ornat schritt zum Krönungsmahl in den Römer, und die Ausübung der Erzämter begann. Ehrwürdiger Boden, auf dem sich heute Volkswagen und Opel Rekord, alte Borgward-Limousinen und neue Mercedes den Platz erbittert streitig machen. So endet Geschichte auf Parkplätzen.

Ein kleines Männchen, Rentnerfigur, dirigiert mit unsicherer Hand die Wagen hin und her, die sich hier im weichen Lehm festzufahren drohen, und spielt ein wenig auf eigene Rechnung Parkwächter. Denn dieser riesige Lehmkomplex zwischen Dom und Römer ist eigentlich gar kein Parkplatz, er ist nur eine einzige große, leere Verlegenheit der sechziger Jahre vor der Wucht der Geschichte. Was soll man da bauen? 1792, drei Jahre nach dem Ausbruch der Französischen Revolution, wurde hier, wo ich jetzt dauernd kreise und vergebens einen Parkplatz suche, der letzte deutsche Kaiser des Heiligen Römischen Reiches gesalbt. Es war der habsburgische Franz II., und es war – Ironie der Geschichte – auch noch ein 14. Juli. Heute ist der 27. Februar 1964, und drinnen im Römer wird über Auschwitz verhandelt. Es ist der 20. Tag der Verhandlung.

Ich bin ein wenig benommen, als ich die Stufen des Römers betrete. Es ist nicht Auschwitz, vor dem ich Angst habe. Es ist die Justiz. Immer empfinde ich etwas Beklemmung vor deutschen Staatsanwälten, Richtern und Polizisten. Ich habe immer den Alptraum, wieder vor einem deutschen Gericht zu stehen wie damals 41: Volksgerichtshof Berlin W, Bellevuestraße, III. Stock, Strafsache gegen Broghammer und andere, und zu diesen »anderen« hatte auch ich einmal in der Voruntersuchung gehört. Strafsache wegen »Vorbereitung zum Hochverrat«. Alles war in blutrote Fahnen gehüllt mit einem mächtigen Hoheitsadler in der Mitte des Saales: drei Richter und neun Laienrichter, SS und Partei, und davor in den Zuschauersesseln politische und militärische Prominenz. Schweigen, Kälte, Angst im Saal.

Das waren deutsche Richter, die im Namen des Volkes urteilten, deutsche Justizangestellte und deutsche Polizisten, und seither kann ich ihre harten, pflichtbewußten Gesichter, diese deutschen Schirmmützen, das vorgeschobene Kinn, diese ganze beschränkte Physiognomik verwaltender Tüchtigkeit so schwer ertragen. Ich fürchte mich immer ein wenig vor diesen Uniformen. Ich weiß, das ist falsch, man muß es bekämpfen, wir leben in einem neuen, in einem besseren Staat, aber jetzt, wo ich an der Gruppe grüner Polizisten hier unten vorbeigehe, fühle ich es wieder. Nun müßte doch eigentlich etwas passieren. Nun müßte doch ein Uniformierter vortreten und sagen: Kommen Sie, Angeklagter, das Gericht hat sich schon versammelt. Aber niemand von ihnen rührt sich. Ich bin nicht mehr Angeklagter – zum erstenmal. Ich zeige meinen Presseausweis und noch ein Papier vom Gericht, und ich höre mich wie einen Fremden sagen: »Ich bin ein deutscher Journalist, und ich will zum Auschwitz-Prozeß.« Die drei Grünen mustern die Papiere flüchtig, legen die Hand an die Mütze und sagen dann höflich: »Ja bitte, ja, hier herauf, zwei Treppen hoch, bitte« und machen mir Platz, und ich trete in die Empfangshalle ein.

Hier unten wird gerade geheiratet. Im Frankfurter Römer wird von alters her geheiratet. Hier ist das Standesamt untergebracht, eine ehrwürdige, berühmte und beliebte Stätte für junge Paare. Sie dürfen durch die schmale, heitere Kaisertreppe, die 1752 erbaut wurde und schon den jungen Goethe entzückte, empor in den Trauungssaal, und auch heute, während oben die Strafsache gegen Mulka und andere verhandelt wird, wird hier geheiratet. Junge Paare sitzen in festlicher Kleidung auf den Bänken herum und warten auf ihren Aufruf. In einem Kasten an der Wand hängen die neuen Aufgebote. Trauzeugen und

Familienangehörige stehen verlegen herum. In einer Ecke kniet ein Fotograf vor einem frisch getrauten Paar und sagt: »Bitte, recht freundlich«, und die Braut in ihrem weißen Schleierkleid, mit einem riesigen Strauß Rosen in der Hand, lächelt etwas verkrampft. Es wird eines jener vielen Familienfotos werden, süßlich und steif, die später auf deutschen Anrichten in verblaßten Silberrahmen stehen werden, und in zwanzig Jahren wird dieser freundliche junge Mann im Smoking, der jetzt der Braut scheu zulächelt, wohl ein resignierter, verkniffener deutscher Beamter sein, ein wenig pedantisch und muffig, und wird vielleicht diese Frau hassen, und die Frau wird ihn hassen, und das wird dann eine Ehe sein, eine ganz normale, richtige Ehe.

Der Fotograf hat eben das Blitzlicht ausgelöst. Für den Bruchteil einer Sekunde steht das Paar in gleißender Lichtflut wie auf einer Bühne da: Eros, Fest der Vermählung. Und auf der Rückseite dieses Vermählungsfotos wird dann das Datum stehen: Frankfurt, den 27. Februar 1964, und sie werden nicht wissen, daß genau an diesem Donnerstag in diesem Hause zwei Treppen höher ein Wiener Arzt die Hand zum Eid erhob und das Wort beschwor: »Zwei Komma neun bis drei Millionen Menschen wurden nach unseren Berechnungen in Auschwitz getötet.« Und er fügte hinzu: »So wahr mir Gott helfe«, und unten wird währenddessen weiter geheiratet, werden weiter Ringe getauscht, wird weiter geküßt und fotografiert fürs Familienalbum in zwanzig Jahren. Ist das unser Leben?

Seit einer Stunde sitze ich hier im Stadtverordnetensaal. Ein Polizist hat mich nach einigem Hin und Her durch die von vier Beamten bewachte Seitentür in die hinteren Sitzreihen eingeschleust. Die Verhandlung ist schon eine ganze Weile im Gang. Ich bin zu spät gekommen – der Parkplatznot wegen.

Und wie es immer ist, wenn man plötzlich in ein laufendes Stück, ein Kino, ein Schauspiel eintritt, sitze ich zunächst etwas ratlos und benommen da und finde mich in der Handlung nicht zurecht. Ich sitze da und denke: So ist das also, das also ist der berühmte Auschwitz-Prozeß, und spüre deutlich, wie etwas Enttäuschung in mir entsteht. Ich hatte mir das anders vorgestellt: strenger, hoheitsvoller, dramatischer; die Anklage auf hohen Stühlen und die Angeklagten zermürbt in niederen Bänken. Ich denke an den Nürnberger Prozeß und an die vielen Fernsehberichte vom Eichmann-Prozeß: der Mann im Glaskasten. Das alles hatte doch etwas von Größe und Dramatik: Gerichtstag, Nemesis, Tribunal und Urteilsspruch der Geschichte. Wo ist das hier?

Ich sitze in einem mittelgroßen freundlichen Bürgersaal, in dem offenbar eine Untersuchungsbehörde tagt. Der Raum ist etwa hundertzwanzig Meter lang und vierzig Meter breit, die Wände sind bis an die Decke holzgetäfelt, hellbraunes billiges Holz, grüner Vorhangstoff verschließt rechts eine Bühne, daneben ist ein großes Relief angebracht, das das Lager Auschwitz darstellt. Acht Lampen, die an die steife Modernität von 1930 erinnern, erleuchten den hohen Raum. Von der Stirnseite der beherrschenden Querwand sieht man blau, rot und weiß die Wappen des Landes und der Stadt.

Im Saal biederes Ratsmobiliar, etwas schwerfällige Bänke und leichtere, moderne Stühle, und auch die Gesichter der Richter, die unter den Wappen längs der Querfront sitzen, strahlen guten Bürgergeist aus, respektvolle Ruhe und Väterlichkeit, Ernst und besonnene Tatkraft, die würdigen Stadtvätern wohl ansteht. Der Vorsitzende ist ein kleiner untersetzter rundköpfiger Herr, vielleicht Ende Fünfzig. Er hat große Aktenberge vor sich und blättert manchmal darin. Links und rechts die beiden anderen Richter, der eine jung, der andere sehr alt; auch sie blättern in Akten. Über den Lautsprecher hört man eine

Stimme. Ich suche die Angeklagten im Saal, aber ich finde sie nicht. Ich suche die Zeugenbank, aber ich sehe sie nicht. Ich habe einen guten Platz, ich kann alles übersehen, aber alles wirkt zugleich so seltsam, so unverständlich und wirr auf mich. Da sitzen etwa hundertzwanzig oder hundertdreißig Deutsche in diesem Saal. Bürger unseres Landes, Bundesdeutsche aus dem Jahr 64, und ich kann nicht erkennen, wer hier eigentlich die Ankläger und wer die Angeklagten sind. Da ist nichts zu unterscheiden.

Über den Lautsprecher dringt eine Stimme etwas dunkel und verschwommen in den Saal; es muß die Stimme des Zeugen sein, und da ich das Spiel der Rollen hier schon nicht verstehe, beschließe ich, wenigstens zuzuhören. Und die Stimme sagt: »Birkenau zerfiel in drei Teile: B I, B II und B III.« Und nach einer Pause: »Und dann gab es noch den rätselhaften Abschnitt B IIb: ein Rätsel in dieser Hölle, ein Abschnitt in Auschwitz, in dem Frauen und Kinder und Männer zusammen lebten, nicht geschoren wurden. Die Kinder bekamen sogar Milch und hatten einen Kindergarten.« Und wieder nach einer Pause fügt die Stimme hinzu: »Aber das bittere Ende kam auch für sie. Sechs Monate nach ihrer Ankunft wurden die mehr als dreitausend Insassen von B IIb plötzlich vergast.« Und nach einer Pause sagt die Stimme aus dem Lautsprecher: »Ich schildere jetzt meine eigene Ankunft in Auschwitz. Ich kam zuerst nach Auschwitz I ins Stammlager. Schon bevor wir das Lager erreichten, machten sich die SS-Leute an uns heran und fragten: Hast du Geld, eine Uhr? Gib's her. Im Lager behältst du es doch nicht. Ich werde dir dann im Lager helfen. Über dem Tor, durch das wir marschierten, stand ›Arbeit macht frei‹. Links erklang Walzermusik, eine Kapelle übte. Wir dachten gar nicht, daß wir in eine Hölle kommen sollten. Es sah alles so friedlich, so ruhig aus.« Die Stimme macht wieder eine Pause. Es ist jetzt ganz still in dem großen Saal. Eine Frau vorn, eine Schöffin, hat zu weinen begonnen. Die Stimme erzählt, wie sie in den Waschraum gebracht wurden, wie sie dort nackt standen, dicht an dicht gedrängt, und sie wußten nicht, ob nun Wasser oder Gas herauskäme. »Wir warteten und warteten, aber es geschah nichts. Das einzige, was wir tun konnten, war, von dem tropfenden Wasser zu lecken. Nachts wurden wir dann hinausgetrieben ins Freie, es war eine kühle Mainacht, der Regen rieselte leise, und wir standen und warteten, wir standen die ganze Nacht. Am nächsten Morgen wurden wir dann rasiert, aber rasieren konnte man das kaum nennen, es wurden uns die Haare ausgerissen. Und dann hieß es: Ihr bekommt jetzt eure Garderobennummer, die müßt ihr euch merken, die ist wichtig für eure Entlassung. Aber es war nur die Nummer, die auf die Haut tätowiert wurde. Da wurde uns deutlich, daß wir keine Menschen, sondern nur noch Nummern waren.«

Die Stimme aus dem Lautsprecher schweigt. Die Sätze werden langsamer und stockender. Es entstehen Pausen, deren Stille im Saal zu hören ist: Pausen der Erinnerung für die Stimme, Pausen der Verlegenheit für die Zuhörer. Es ist, wie wenn hier alles ins Leere sieht; jeder blickt betroffen und starr vor sich hin. Einige Frauen haben Taschentücher im Gesicht, als die Stimme fortfährt: »Ich sah schon die Schornsteine, ich stand vor den Türen der Gaskammer, als mein Trupp vom Krematorium plötzlich wieder zurückgeführt wurde. Alles schien rätselhaft. Erst später erfuhren wir: Die Leichen eines in der Nacht vergasten Transportes aus Frankreich, die noch nicht weggeräumt worden waren, verhinderten die Ermordung neuer Opfer. Und später dann wieder ein neues Wunder. Es kam ein SS-Mann und fragte: Bist du der Arzt? Bist du ein guter Arzt? Ich sagte: Ich weiß es nicht. Er nahm mich mit, und so wurde ich gerettet. Danach wurde ich Lagerarzt im Quarantänelager, und da erst lernte ich den Zweck des Lagers kennen.«

Und die Stimme erzählt weiter, wie sie sich langsam im Lager zurechtfand, einrichtete, mit der Maschinerie des Todes zu leben lernte. Fünf Jahre in Auschwitz gelebt, ja Auschwitz überlebt haben, das heißt ja nicht nur fünf Jahre leiden, sondern auch Gewöhnung daran, sich abfinden, sich damit einrichten, Gleichgültigkeit, Kälte, ja eigene Bosheit dem Elend der Verlorenen gegenüber.

Erschreckende Bestätigung: Der Mensch ist das Produkt der Verhältnisse. In einer Todesstadt werden alle zu seinen Mitspielern; ob du nun Brot oder Gas ausgibst, du steckst da mit drinnen. Nur wer mitfunktioniert in der Mechanik der Vernichtung, hat Hoffnung zu überleben. Ein unbegreiflicher, rasender Wille zu überleben muß die Stimme beherrscht haben: Nicht sterben, ich nicht, ich werde überleben. Gier und Verzweiflung, nur dazubleiben, nur durchzuhalten, sich an sein Stück Brot zu klammern: essen, trinken, gehorchen, arbeiten, mitmachen, nicht sterben, überstehen – überstehen, um einmal davon Zeugnis abzulegen, was hier der Mensch dem Menschen antat. Einmal wird der Tag kommen, es wird zwanzig Jahre dauern, es wird der 27. Februar 1964 sein, es wird in Frankfurt sein, und diese Stunde, diese absurde Wahnphantasie aus Auschwitz, ist jetzt gekommen. Jetzt ist die Stunde der Wahrheit da.

Ein seltsamer Erregungszustand hat sich meiner bemächtigt. Seit zwei Stunden sitze ich hier im Römer und kenne mich nicht aus. Es ist, wie wenn die Planquadrate der Zeit durcheinandergeworfen wären: Welche Zeit gilt hier eigentlich? Die von damals? Es ist Krieg, es ist 1943, alles ist wieder wie damals, Winter im Osten, Krieg in Polen und Rußland. Ich bin wieder zweiundzwanzig. Ich war in Witebsk, in Orel, in Smolensk, zerschossene Kathedralen und zerbrochene Parteihäuser in der Innenstadt, weiter draußen die kleinen, strohbedeckten Katen der Russen. Männer gab es nicht mehr. Sie waren tot oder gefangen oder in Stalins Heeren. Frauen in Lumpen,

Lumpen am Körper, über dem Kopf, die Füße in breite, zerfledderte Lumpen gehüllt, Frauen, die mit etwas steinhartem Maisbrot oder dem kostbaren Salz zu handeln versuchten. Ich war nur ein Gefreiter, der einen Lastwagen, Opel Blitz, fuhr, aber für diese verhärmten, zerlumpten Russenweiber war ich einer von den mächtigen Siegern, den grünen Todesengeln, vor denen man Angst haben mußte.

Es ist Kriegswinter in Rußland, ein kalter, trostloser Tag in der verschneiten Steppe, der Boden steinhart gefroren, er knirscht unter den Schneeketten meines Wagens. Ich fahre meinen Lkw von der Etappe an die Front, an endlosen weißen Wäldern vorbei; stundenlang kann man in diesem riesigen Land fahren, ohne einen Schritt vorwärtszukommen. Ist Rußland endlos? Ist Rußland die Welt? Der Motor singt hell in dem niedrigen zweiten Gang, ich habe Soldaten, deutsche Fallschirmjäger, hinten geladen, zwanzig junge, gesunde, harmlose Leute mit Maschinengewehren und Karabinern, die manchmal fluchen, wenn es durch Schlaglöcher geht und der Wagen wie eine Schaukel schwerfällig auf und nieder rumpelt. Ich fahre einen Zug Fallschirmjäger an die Front, an eine Front, die nicht nur Berlin, sondern auch Auschwitz abschirmen soll. Ich bin aus Berlin: zweiundzwanzig Jahre alt. Ich habe den Namen Auschwitz nie gehört.

Der Zeuge hat eben das Wort »Sanka« gebraucht. Ich stutze. Sanka – das kennst du doch? Ist das ein Ortsname im Osten, ein Medikament? Das hast du doch einmal gehört? Es ist so schwer, sich an alles zu erinnern nach zwanzig Jahren. Und während ich noch über dieses merkwürdige Fremdwort nachgrüble, höre ich die Stimme sagen: »Die meisten wurden direkt in Sankas mit Phenol abgespritzt.« Und da ist das Wort plötzlich da, aus den Schächten der Vergangenheit schnellt es empor: Erinnerung an meine Jugend, Erinnerung an die technische Sprache der Ordonnanzen und Bataillone, die verhaßte, schreckliche Sprache des Militärs, dem ich zugehörte: Sanka, das hieß Sanitätskraftwagen, und du damals in der zweiten Kompanie des 1. Fallschirmjäger-Regiments hast doch auch einen Sanka gefahren. Natürlich, das waren die kleinen, wendigen weißen Busse mit dem roten Kreuz auf dem Dach, auch Opel Blitz. Damit wurden die Verwundeten abgefahren, und sie schrien und stöhnten manchmal und wünschten ihren Fahrer in die Hölle. Ich fuhr meinen Sanka zum Hauptverbandsplatz nach Smolensk. Es war alles in Ordnung. Ich tat nur meine Pflicht wie siebzig Millionen anderer Deutschen auch. Wir alle taten nur unsere Pflicht.

Aber was wäre gewesen, wenn auf meinem Marschbefehl nun zufällig nicht das Wort Smolensk, sondern das andere, unbekannte, nichtssagende Wort Auschwitz gestanden hätte? Was wäre gewesen? Natürlich hätte ich meine Verwundeten auch dahin gefahren; natürlich, ein Soldat tut immer, was ihm befohlen wird. Ich hätte sie nach Auschwitz gefahren, und vielleicht hätte ich sie bei dem Häftlingsarzt, der jetzt hier als Zeuge spricht, abgeliefert: täglich ein oder zwei Verwundete für die Sanitätsbaracke in Auschwitz. Das ist doch nicht viel. Und dann weiter? Was hätte ich noch getan? Es wäre mir kaum entgangen, daß hier nicht Genesung, sondern Tötung betrieben wurde. Was hätte ich getan? Wahrscheinlich hätte ich, wie alle anderen, die Augen verschlossen und eine Weile so getan, als merkte ich nichts. Ich hätte vielleicht meinen Stabsfeldwebel und meinen Zugführer noch mehr gehaßt, ich hätte die Faust in der Manteltasche geballt und abends BBC gehört. Aber sonst?

Ich bin nicht freiwillig zu den Fallschirmjägern gegangen, ich wurde von der Luftwaffe abkommandiert. Und wenn man mich nun nach Auschwitz abkommandiert hätte? Es war doch damals in dieser chaotischen, irren Zeit vieles möglich.

Warum sollte man nicht einen Gefreiten, der an der

Front nichts taugt, in ein rückwärtiges Arbeitslager abkommandieren? Was hätte ich gemacht? Wäre ich wirklich ein Held gewesen? Wäre ich wirklich vor meinen Leutnant getreten und hätte gesagt: »Nein, das tue ich nicht. Ich nicht. Ich verweigere diesen Befehl.« Ich wäre ja als Soldat, als Uniformierter gekommen und hätte die Chance zu überleben gehabt, und ich wollte überleben – bei Gott!

Ich glaube, ich hätte nicht mitgemordet, ich hätte nicht mittöten, mitverbrennen, mitsortieren können. Das ist eine andere Dimension. Aber hätte ich nicht versucht, mich irgendwie aus der Affäre zu ziehen, mit den vielen kleinen Tricks, die der Soldatentag kennt? Sicher wäre ich kein Held gewesen. Ich hätte mich entzogen und den Mund gehalten. Aber wer kann sagen, wie lange ich mich entzogen hätte? Auch das Töten kann eine Gewohnheit werden. Alles ist Gewohnheit. Wenn täglich zehntausend Menschen getötet werden, wer sagt, daß ich mich nach zwei Jahren nicht auch daran gewöhnt hätte?

Das rückwärtige Fenster im Saal muß etwas geöffnet worden sein. Von draußen klingt Straßenlärm empor, Frankfurter Mittagsverkehr. Eine Straßenbahn rattert heran. Es ist die Linie 18, die hier zwischen Römer und Paulskirche eine Haltestelle hat. Ich höre das Klingeln des Kondukteurs, das Auf- und Zuschlagen der Türen, wie der Motor hell ansingt und der Wagen dann durch die Straße rattert. Es hat etwas Hilfreiches in diesem Augenblick. Die Tram, die da draußen fährt, ist eine Gewißheit. Da gibt es doch: richtige, alltägliche Gegenwart, Menschen, die jetzt um die Mittagszeit von Praunheim nach Riederwald fahren und an alles, nur nicht an Auschwitz denken, Frauen mit Einkaufsnetzen und Männer mit schwarzen Aktentaschen. Das Quietschen und Singen der Straßenbahn mischt sich seltsam mit der Stimme aus dem Lautsprecher, die jetzt von Kindern erzählt, die, weil das Gas zu knapp wurde, lebend ins Feuer geworfen wurden. »Wir schaffen es sonst nicht«, hatte es von oben gelautet. Und schaffen wollten sie es – natürlich. Und ich spüre, wie Angst und Erschrecken in mir aufsteigen. Draußen fährt die Linie 18 vorbei, und hier drinnen wird Gerichtstag gehalten, und ich: Wo bin ich? Wo stehe ich?

Ich bin als ein Fremder, ein deutscher Journalist gekommen; ich wollte nur Zuschauer sein, aber während ich jetzt wieder der Stimme folge, spüre ich, daß hier niemand Zuschauer bleiben kann. Die Zeitschranken sind verschoben, Vergangenheit ist Gegenwart geworden, der Film des Lebens ist zurückgespult und läuft noch einmal ruckartig an. Und warum soll in diesem Film jetzt nicht gleich ein Bild kommen, das mich zeigt, mich unter lauter Uniformierten, mich im Feldzug gegen den Osten, und was werde ich auf diesem Bild tun? Wer werde ich sein?

»Die Sitzung wird für zehn Minuten unterbrochen.« Ich muß etwas abwesend gewesen sein, ich höre den Satz wie nachträglich und sehe, wie sich plötzlich alles erhebt und rechts und links den beiden Ausgängen zustrebt. Und auch ich erhebe mich wie ein Träumender, gehe wie abwesend der linken Tür zu, durch die sich jetzt alles drängt, und stehe dann draußen im Foyer und weiß eine Weile nicht, was ich tun soll. Hier geht es zu wie in einer Theaterpause. Das Publikum schöpft Luft, zündet sich Zigaretten an, steht in Gruppen zusammen und bespricht kritisch die Eindrücke. Einige Herren haben sich an die Garderobe begeben und lassen sich von der Garderobenfrau ihre Mäntel reichen. Sind das die Enttäuschten, die Unzufriedenen, die Kenner der Tragödie, die das Stück schon jetzt in der Pause verlassen?

Zwei ältere Herren mit schwarzen Seidenroben, es müssen wohl Anwälte sein, kommen eben aus der Toilette; der eine bleibt vor dem Spiegel stehen und zupft sich bedächtig und ein wenig eitel an seiner weißen Krawatte. Der andere ist zur Garderobenfrau gegangen, hat einige Münzen hingelegt und verlangt eine Coca-Cola, und

dann gehen die beiden wieder zurück ins Foyer. Der eine
mit der Colaflasche hat wohl einen Witz gemacht, denn
der andere beginnt plötzlich unbändig zu lachen: breite,
behäbige Frankfurter Bürgergesichter, deftiges Lachen
wie in Sachsenhausen, weinfroh und lebenslustig. Alltag
des Anwalts – warum soll ein Rechtsanwalt nicht in seiner Arbeitspause lachen?

Da spricht mich jemand an. Es ist ein Kollege, ich kenne ihn seit Jahren, ein Journalist aus Hamburg, er saß
selber einmal im KZ, und er beginnt mir nun zu erzählen.
Er ist seit dem ersten Tage hier, er kennt alles, berichtet
jeden Abend telefonisch für seine Radiostation nach
Hamburg. Er hat zahllose Papiere und Notizen bei sich,
er spricht von den Richtern, Schöffen, Anwälten und Angeklagten vertraulich wie ein Theaterkritiker von alten
bekannten Mimen. »Und die Angeklagten?« frage ich gespannt. »Wo sind denn die eigentlich?« Der Kollege sieht
mich etwas erstaunt an, lächelt ironisch, legt die Hand
wie zum Flüstern an seinen Mund und sagt: »Na,
Mensch, sehen Sie denn nicht, hier direkt neben Ihnen
und da hinten die Herren im Sessel. Und die da am Fenster und der da an der Garderobe. Und so.« Und da
begreife ich zum erstenmal, daß all diese freundlichen
Leute vorhin im Saal, die ich für Journalisten oder Anwälte oder Zuschauer hielt, daß sie ja die Angeklagten
sind und daß man sie natürlich nicht unterscheiden kann
von uns allen. Zweiundzwanzig Männer sind hier angeklagt, acht sind in Haft, vierzehn gegen Kaution in Freiheit, und alle sehen mit ganz wenigen Ausnahmen natürlich aus wie alle anderen, benehmen sich wie alle anderen,
sind wohlgenährte, gutgekleidete Herren im gehobenen
Alter: Akademiker, Ärzte, Kaufleute, Handwerker,
Hausmeister, Bürger unserer neudeutschen Gesellschaft
im Überfluß, freie Bundesbürger, die draußen wie ich ihr
Auto vor dem Römer stehen haben und zur Verhandlung
kommen wie ich. Da ist nichts zu unterscheiden. Und ich

muß plötzlich an den Film denken, den ich bald nach Kriegsende sah. Er hieß: ›Die Mörder sind unter uns‹. Das war vor siebzehn Jahren.

Nun ist ein ganz neues Interesse in mir erwacht. Ich bin wieder da, wieder lebendig. Ich möchte sie sehen, beobachten, erkennen. Es muß doch da etwas zu unterscheiden sein. Irgendwie muß es sie doch bedrücken, absondern, einsam machen. Man kann doch nicht mit der Last von Auschwitz auf den Schultern hier herumspazieren, als sei eine Theaterpause. Und ich nähere mich vorsichtig der großen, ledernen Sitzgruppe an der Wand. Fünf wohlbeleibte, gutmütige Herren sitzen dort, etwas massig und aufgequollen, trinken Coca-Cola und Sinalco, rauchen Zigaretten und führen miteinander Gespräche. Herren in der Pause einer Aufsichtsratssitzung. Zwei von ihnen scheinen gehbehindert zu sein, sie haben schwarze Spazierstöcke mit Gummifüßchen bei sich. Sie werden einiges durchgemacht haben. Der Älteste im tadellosen dunkelblauen Anzug hat ein etwas rötliches Gesicht, das Haar schlohweiß, und mein Kollege sagt: »Das ist Mulka, Robert Mulka, SS-Obersturmbannführer und Adjutant des Lagerkommandanten Höß. Heute Exportkaufmann in Hamburg. Er wohnt hier im Frankfurter Hof, und in den verhandlungsfreien Tagen fährt er mit einem TEE rasch einmal nach Hamburg, um nach seinen Geschäften zu sehen. Die Anklage wirft ihm unter anderem vor, für die Einrichtung und Sicherung der Vergasungsanlagen und für die Herbeischaffung des für die Vergasung erforderlichen Zyklon B verantwortlich gewesen zu sein. Mitwirkung bei der Aussonderung an der Rampe, Mitwirkung beim Transport der zur Vergasung ausgesonderten Personen zu den Gaskammern mit Lastkraftwagen.«

Und ich stehe da, bin sprachlos, blicke verstohlen hin und blicke wieder weg, möchte ja nicht aufdringlich wirken, möchte diese Gruppe nicht anstarren, wie man im Zoo seltsame wilde Tiere anstarrt, und bin fassungslos, daß Mörder so aussehen, so harmlos, so freundlich und väterlich. Aber dann wird mir bewußt, daß diese gutmütigen Herren ja keine gewöhnlichen Mörder sind, keine Affekttäter, die jemanden aus Leidenschaft oder Lust oder Verzweiflung umbringen. Das ist ja alles menschlich. Das gibt es. Aber das hier sind die modernen, bisher unbekannten Mörder, die Verwalter und Funktionäre des Massentodes, die Buchhalter und Knopfdrücker und Schreiber der Maschinerie: Techniker, die ohne Haß und Gefühl operieren, kleine Funktionäre aus dem großen Reich von Eichmann – Schreibtischmörder. Hier wird ein neuer Stil des Verbrechens sichtbar: der Tod als ein Verwaltungsakt. Die Mörder sind angenehme und korrekte Beamte.

Der Saal beginnt sich langsam wieder zu füllen. Der Grüne am Eingang hatte dem Publikum im Foyer einen diskreten Wink gegeben, und was eben noch plaudernd und rauchend wie auf einer Party während der Buchmesse miteinander zirkulierte, teilt sich nun wieder auf, übernimmt wieder seine Rollen, ist plötzlich getrennte, geschiedene Gruppe, ist Partei, spielt seine juristische Rolle weiter. Juristen haben immer auch etwas von Schauspielern.

Plötzlich verstehe ich nun auch die Sitzordnung im Saal. Die Angeklagten sitzen direkt vor mir: vier Reihen und jede Reihe sechs Sitze tief bis vor zum Gericht. Die acht Inhaftierten kommen von rechts durch einen Seiteneingang, begleitet von zwei blauen Polizisten. Der eine Inhaftierte mit einem brutalen Lächeln um den Mund hat sich eben zu seinem Anwalt gebeugt und spricht eine Weile mit ihm.

Auch die vierzehn freien Angeklagten haben Platz genommen, jeder hat rechts von sich zwei Anwälte sitzen, die dicke gelbe Leitzordner auf ihren Tischen ausbreiten. In schwarzer Blockschrift steht darauf »Aktenzeichen 4

Ks 2/63«, und daneben in Klammern: »Komplex Auschwitz«. Es berührt mich seltsam, eine solche Chiffre auf Kanzleideckeln wiederzufinden. Und in Klammern und davor auch noch das Wort Komplex.

Einiges hier im Saal ist mir nun klarer. Der Herr direkt vor mir, den ich vorhin schon einmal von hinten angetippt hatte, um ihn nach den Angeklagten zu fragen, aber er gab keine Antwort, ist Schlage, Bruno Schlage, Angeklagter Nr. 8, Hausmeister und Maurerpolier, ein einfaches, etwas primitives Gesicht, schüttere Stehhaare, verkniffene Züge deutscher Subalternfiguren. Die Anklage wirft ihm vor, an den sogenannten Bunkerentleerungen teilgenommen zu haben, das heißt, die Häftlinge aus ihren Zellen zur Erschießung an der sogenannten schwarzen Wand herausgeholt zu haben. »Der Angeschuldigte soll sich an diesen Erschießungen beteiligt haben.« Direkt vor ihm sitzt ein interessanter, intelligent wirkender Kopf. Er heißt Breitwieser, war Jurist und Rechtsberater, seit 1940 nach Auschwitz abkommandiert. Er ist der Angeklagte Nr. 13. Er wirkt so sympathisch und ruhig, daß ich ihn als Angestellten jederzeit engagieren würde. »Die Anklage wirft ihm vor, vom Oktober 1941 ab bei der ersten Vergasung von Menschen, die im Keller des Blocks II durchgeführt wurde, das Giftgas Zyklon B in die Kellerräume eingeführt zu haben, wodurch etwa 850 sowjetische Kriegsgefangene und 220 Häftlinge aus dem Krankenbau getötet wurden.« Gut tausend Tote, das ist in diesem Prozeß sozusagen eine begrenzte Sache, und vielleicht denkt der Angeklagte: Es waren doch nur Russen, keine Juden – nicht wahr? Sein Beruf ist heute Buchhalter.

Ich blättere in den Drucksachen, die mir mein Hamburger Kollege in die Hand gedrückt hat, und da das Gericht noch nicht eingetreten ist, überfliege ich rasch, was da zu dem Angeklagten Boger steht: Wilhelm Boger, 1906 in Stuttgart geboren. Er sitzt vorn, trägt die Anklage-Nr. 3, ist kaufmännischer Angestellter, auch Buchhalter. Was soll das, denke ich? Bestand denn die ganze SS aus Buchhaltern? Ich dachte immer, es wären Helden, Recken, deutsche Männer gewesen. Ich überfliege, was da über Selektionen, Aussonderungen, Vergasungen, Massenerschießungen und »schwarze Wand« steht. Das alles sind Delikte, die ins Zahllose gehen, Massenmorde, unvorstellbar und anonym. Im Grunde sagen sie wenig zum Fall Boger, aber dann lese ich: »Daneben hat sich Boger für viele Einzelhandlungen zu verantworten. So wird ihm unter anderem zur Last gelegt, die Häftlingssekretärin Tofler im Block 11 mit zwei Pistolenschüssen getötet zu haben; einen 60jährigen Geistlichen in der Gefangenenküche so lange unter Wasser gedrückt zu haben, bis er tot war; ein polnisches Ehepaar mit drei Kindern aus einer Entfernung von etwa drei Metern mit der Pistole erschossen zu haben; den polnischen General Dlugiszewski, der zum Skelett abgemagert war, zu Tode getreten zu haben, im Herbst 1944 nach der Niederschlagung des Aufstandes des Sonderkommandos am Krematorium etwa 100 Häftlinge, die sich auf den Boden legen mußten, zusammen mit anderen SS-Angehörigen durch Pistolenschüsse in den Hinterkopf erschossen zu haben.« Und ich blättere weiter und lese schließlich: »Ohne polizeiliche Anmeldung hielt sich Boger nach dem Kriege mehrere Jahre in der Gegend von Crailsheim auf, wo er bei Bauern arbeitete. Später war er in Stuttgart als kaufmännischer Angestellter tätig.«

Und ich denke: Das war er also wieder, ein braver, zuverlässiger Buchhalter, wie man ihn in Stuttgart braucht, ein Mann, auf den man sich verlassen kann, ein Mann, der sich wieder eingerichtet hatte, der wieder schlafen konnte und sicher wieder seine Kameraden und Freunde und eine Familie hatte – die Toten traten nicht in seine Träume. Und gäbe es nicht hier in Hessen, in diesem roten Hessen, diesen mutigen und couragierten

Mann, den Generalstaatsanwalt Bauer, einen Glücksfall in unserer Justiz, ein Wunder in unserem Beamtenstaat, und hätte dieser Fritz Bauer nicht schon vor Jahren entschieden: »Wir machen diesen Prozeß, ob er nun populär ist oder nicht, wir machen ihn hier in Frankfurt!«, so könnte Boger vielleicht noch immer in Stuttgart getreulich hinter seinen kaufmännischen Listen sitzen, zöge Linien und Striche und Summen, rot, blau und grün, würde noch immer nicht in seinen Träumen von seinen Opfern heimgesucht. Und Mulka, intelligenter, gebildeter, älter, ehemaliger Adjutant von Höß und erfolgreicher Bundesbürger, würde von Hamburg aus weiter seine Kaffeeimportgeschäfte machen, würde sich gut mit dem Ausland verstehen, wäre sicher ein Demokrat, »abendländisch« gesinnt, CDU-freundlich, aber nicht aktiv, unterwürfig gegenüber dem Westen, hart gegenüber dem Osten, »gegenüber dem Osten müssen wir zusammenhalten«. Und wenn er von Unmenschlichkeit hört, und man hört ja so viel von Unmenschlichkeit aus dem Osten, dann wird er immer an die Kommunisten denken: an Bautzen, Waldheim und Hilde Benjamin – nie an sich selbst.

Wie kann man eigentlich nach Auschwitz wieder ein so ziviler und tüchtiger Bundesbürger werden? Wie geht das? Was sagen die Ärzte, die Psychologen, die Psychiater dazu? Keiner der Angeklagten ist wieder »auffällig« geworden. Alle haben sich wieder ihre Ordnung, ihr Heim, ihre Position geschaffen, waren wieder verdiente und geachtete Bürger ihrer Gemeinden, tüchtig und erfolgreich, oft waren sie beliebt. Da vorn sitzt Kaduk, Angeklagter Nr. 10, Oswald Kaduk, von Beruf Metzger und Krankenpfleger. Er gehört zu den wenigen abstoßenden Gesichtern hier. Er muß das gewesen sein, was man sich unter einem KZ-Schläger in Angstträumen vorstellt: immer brutal, oftmals betrunken. Die Anklage wirft ihm Tausende von Tötungen vor, aber auch hier scheinen mir die kleinen Privatbestialitäten, die sozusa-

gen im Vorübergehen und außer Dienst geschahen, viel
aufschlußreicher: erdrosseln, erschlagen, mißhandeln,
Häftlinge gegen den Stacheldraht werfen, einen Erhäng-
ten, weil der Strick riß, auspeitschen und dann wieder
erhängen, Häftlingen den Strick um den Hals legen und
dann den Schemel, auf dem sie standen, fortstoßen, einen
jungen jüdischen Häftling mit eigenen Füßen zu Tode
trampeln, anderen in den Bauch schießen, und das so
über Jahre, weil es Hitler doch wollte, und derselbe Kaduk kam 1956 nach West-Berlin, wurde unter der Stadt-
regierung von Willy Brandt Krankenpfleger, und seine
Patienten berichten heute in Briefen an dieses Frankfurter
Gericht, daß er ein guter, ein warmherziger, ein fürsorgli-
cher Pfleger war. »Papa Kaduk« wurde er im Krankenhaus genannt.

Wieder dieses Erschrecken in mir: Ist das also der
Mensch? Ist er so? Oder ist es vielleicht Reue, Wieder-
gutmachung, innere Umkehr, Tod des alten Adams? So,
wie Kaduk da vorn jetzt neben seinem Anwalt sitzt, breit,
massig und selbstbewußt, ein dicker, halsloser Metzger-
typ, der seine Sache schlau zu vertreten weiß, macht er
nicht diesen Eindruck. Er ist nur der alte Adam, der sich
an nichts mehr erinnern kann. Und wenn man ihn nicht
eines Tages aus seinem Krankenhaus herausgeholt hätte,
wäre er wohl mit Siebzig oder Achtzig in Berlin gestorben, ein betagter und verdienter Bürger der Stadt, der
seine Rente und irgendeine Verdienstplakette bekommen
hätte, ein Bürger der freien Welt.

Und zum erstenmal begreife ich jetzt, warum es Juden
gibt, die in diese zweite deutsche Republik, die doch wieder anständig und erträglich geworden ist, nicht zurück-
kommen. Angst, ganz private Angst: Der Straßenbahn-
führer, der Schalterbeamte an der Post oder bei der Bahn,
der Apotheker oder eben dieser tüchtige Krankenpfleger
aus West-Berlin – natürlich, sie alle könnten es gewesen
sein. Man weiß es wirklich nie, New York oder Tel Aviv

sind da sicherer, und wer nur Tote in diesem Land zu betrauern hat, darf er nicht, muß er nicht diese kleine private Todesangst vor uns Deutschen haben?

Seit zehn Minuten spricht nun wieder die Stimme über den Lautsprecher. Ich weiß inzwischen, daß sie dem ersten Zeugen der Anklage gehört, dem ersten Zeugen von hundertfünfzig, die folgen werden. Der Zeuge heißt Dr. Wolken, ist ein Arzt aus Wien, ein weißhaariger, älterer Herr, der in seinen Bewegungen etwas steif und starr wirkt. Er ist schwerbeschädigt. Auch er hat überlebt, auch er hat sich wieder eingerichtet, auch er ist wieder ein Bürger seines Landes geworden mit Familie, Freunden und Kollegen – Täter und Opfer haben beide überlebt. Ihr Überleben und ihre Konfrontation ist die Voraussetzung dieses Prozesses. Was sie trennt, ist heute vor allem die Psychologie der Erinnerung, der Mechanismus des Vergessens. Die einen wollen vergessen, aber können es nicht. Die anderen sollten sich hier erinnern, aber sie können es nicht. Sie haben alles vergessen, nur Radieschen gepflanzt und Kindergärten angelegt und Sport getrieben. Ich weiß nicht, was qualvoller ist: erinnern oder vergessen. Freud hat immer gelehrt, daß Schuld nie vergessen, sondern nur verdrängt werden kann und daß sie aus der Verdrängung zu Neurosen und Zwängen führt.

Aber stimmt Freud angesichts von Mulka und Genossen? Wo sind da Neurosen? Und ist Bewußtmachen, Aussprechen wirklich Erlösung? Ist es nicht eine neue Tortur des Erlebens? Ich höre wieder die Stimme: »Eine Gruppe von neunzig Kindern kam, blieb einige Tage im Quarantänelager, dann trafen Lastwagen ein, auf die sie verladen wurden, um zu den Gaskammern gefahren zu werden. Einer war da, ein etwas älterer Junge, der rief ihnen zu, als die Kinder sich sträubten: Steigt's nur hinauf aufs Auto, schreit doch nicht. Ihr habt's doch gesehen, wie eure Eltern und Großeltern vergast wurden. Dort oben sehen wir sie wieder. Und dann wendete sich der Junge zu den SS-Leuten und rief: Aber glaubt nur nicht, daß euch das geschenkt wird. Ihr werdet krepieren, wie ihr uns krepieren laßt.« Und die Stimme im Lautsprecher fügt nach einer Pause hinzu: »Es war ein mutiger Junge. Er hat in diesem Augenblick gesagt, was er sagen mußte.«

Es ist ein qualvoller Augenblick. Elf Uhr siebenunddreißig zeigt die Uhr im Saal. Aber stimmt diese Zeit eigentlich? Steht sie hier nicht für einen Augenblick still? Es ist einer jener Momente, wo das Gericht nicht mehr Gericht ist, wo sich die Wände öffnen, wo es zum Tribunal des Jahrhunderts wird. Es geht doch jetzt gar nicht um diese vielen kleinen Bösewichte, diese Mulkas und Bogers und Kaduks. Hier wird Geschichte bezeugt, Geschichte geschrieben, Bestand aufgenommen, Zeugnis vom Totentanz im 20. Jahrhundert abgelegt. Die Spieler dieses schauerlichen Stückes sind versammelt, die Täter und die Opfer, sie sollen sich hier sehen, sollen bezeugen, was war, sollen der Welt sagen, was da einmal geschah. Und auch dies war geschehen: »Es waren da viele nackte Frauen, die nach einer Selektion auf einen Lastwagen hinaufgeprügelt und dann zur Gaskammer gefahren wurden. Wir standen Appell vor der Baracke, und sie schrien zu uns Männern herüber, sie erhofften von uns Hilfe ... wir waren doch ihre natürlichen Beschützer. Aber wir standen nur da, zitternd, wir konnten ja nicht helfen. Dann fuhren die Lastwagen fort, und am Ende jeder Kolonne fuhr der Wagen mit dem roten Kreuz. Aber der hatte keine Kranken, er hatte das Giftgas.«

Ich blicke mich im Saal um: überall verlegene Gesichter, betretenes Schweigen, deutsche Betroffenheit – endlich einmal. Links sitzen die Journalisten und schreiben wie gebannt mit. Links oben auf der Empore sitzt das Publikum, etwa hundertzwanzig bis hundertdreißig Menschen, dicht gedrängt, die sich jeden Morgen, schon vor acht Uhr, hier in einer Nebenstraße in einer Schlange anstellen, um die wenigen Eintrittskarten zu bekommen. Wer ist das? Wer kommt von den Deutschen freiwillig hierher? Es sind gute, hoffnungsvolle Gesichter, viel Jugend, Studenten und Schüler, die mit fassungslosem Staunen einem Schauspiel beiwohnen, das ihre Eltern veranstaltet haben sollen. Ihre Eltern? Ach nein, sicher nicht ihre, aber sicher doch andere Eltern. Meine Eltern? Ach nein, sicher nicht meine, aber sicher doch andere Eltern. Ein paar alte Gesichter sind auch da, Sechzig- oder Siebzigjährige, denen man ansieht, daß sie hierher nicht aus Sensationslust kommen. Was da oben fehlt, ist meine Generation, die mittlere Generation, die es doch wohl angeht, die dabei war. Aber die wollen davon nichts mehr wissen, die wissen ja alles, die kennen es, die müssen jetzt kurz vor zwölf arbeiten, verdienen, müssen das Wirtschaftswunder in Gang halten. Wer zurücksieht, ist verloren.

Rechts neben mir sitzen drei Ordensschwestern, mädchenhaft schmal und früh gealtert. Es müssen evangelische Schwestern sein aus Darmstadt. Marienschwestern, die sich nach dem Kriege zum erstenmal zu einer ordensähnlichen Gemeinschaft zusammenschlossen. Sie wollen der christlichen Sühne am Judentum dienen und schicken immer einige Ordensfrauen hierher, damit sie auch wissen, wofür sie beten sollen: Typ einer neuen, modernen Kirche. Beten die Marienschwestern in diesem Augenblick für die nackten Frauen auf dem Lastwagen? Helfen hier Gebete? Helfen hier Richtersprüche und Urteile? Was kann hier überhaupt helfen? Ich weiß es nicht, ich schon gar nicht, ich weiß nur plötzlich, daß ich nun wirklich im Auschwitz-Prozeß bin und daß es gut war, zu kommen.

Denn so wird es nun weitergehen: wochenlang, monatelang, vielleicht jahrelang, Hunderte von Menschen werden kommen aus Amerika und Israel, aus Kanada und England, all die verstreuten Kinder dieser toten Stadt werden aus ihrer kleinen winzigen Häftlingswelt, Stein um Stein, ein Mosaik des Schreckens zusammensetzen, sie werden ein Labyrinth der Schuld öffnen, dem sich niemand entziehen kann. Dieses Labyrinth wird schrecklich verwirrend sein und alle Selbstgerechtigkeit, alle Überheblichkeit und Klarheit der Ferne grausam zerstören. Es wird hier Zeugen geben, die für SS-Offiziere anerkennend, ja dankbar eintreten. Es gab das. Es gab einige Träger des Totenkopfzeichens, die sich fair und mutig verhielten und sagten: Ich tue das nicht. Sie wurden aufgrund von Häftlingsaussagen schon bald nach dem Kriege freigesprochen. Und es gab Häftlinge, politische Verfolgte, die im Lager zur Macht kamen, Funktionshäftlinge wurden und mehr schlugen, marterten und töteten als mancher Uniformierte. Zum Beispiel der Herr rechts vor mir: Bedenarek, Kaufmann Emil Bedenarek, kein SS-Mann, sondern ein Hitleropfer, hier angeklagt, als politischer Schutzhäftling und Blockältester im Block 8 Mithäftlinge bis zum Tode gepeinigt zu haben. »In zahlreichen Fällen soll er Häftlinge der Strafkompanie gezwungen haben, sich so lange unter die kalte Dusche zu stellen, bis sie unterkühlt waren, erstarrten und umfielen.« Ein Hitleropfer, das nun selber seine Opfer suchte. »Sodann soll der Angeklagte sie auf den Hof des Strafblocks haben heraustragen lassen, wo sie während der Nacht liegenblieben, so daß der größte Teil von ihnen verstarb. Im Sommer 1944 soll sich der Angeklagte besonders dadurch hervorgetan haben, daß er bei der Liquidierung des Familienlagers B IIb gemeinschaftlich mit SS-Dienstgraden auf jüdische Häftlinge einschlug, die sich dem Abtransport zur Gaskammer widersetzten. Hierbei kamen mindestens zehn Häftlinge ums Leben.«

Und die Anklageschrift gegen Kaufmann Emil Bedenarek, der heute ein Geschäft und die Bahnhofsgaststätte von Schirnding besitzt, ist damit nicht zu Ende. Ein Hitleropfer, das selber mordete. Das ist das Labyrinth von

Auschwitz. Nein, es ist wirklich nicht weit her mit dem Gerücht, hier würde in einer neuen Welle der Justiz Entnazifizierung betrieben, hier suche man späte Sündenböcke, späte Rache an der SS, Hexenjagd auf kleine Nazis. Die Frage der politischen Gesinnung und Organisation wird hier überhaupt nicht gestellt. Es geht nur um Mord. Hier konnten auch Juden zu Verbrechern und SS-Angehörige vereinzelt zu Widerstandskämpfern werden.

Denn das Lager ist nicht nur ein politischer Alptraum, es ist auch eine soziale Realität, eine Extrawelt mit neuen Hierarchien und Privilegien und neuen Formen der Unterdrückung und Bevorzugung. Du kommst aus irgendeinem Grund ins Lager; wenn du aber einmal drinnen bist, gehörst du in diese neue zweite Welt, zu der isolierten Ordnung des Lagers, in dem man nach neuen Gesetzen wieder steigen oder fallen kann. Und wer wollte schon fallen? Ich denke an Filmaufnahmen aus dem Getto in Warschau; man sah da Juden, ausgemergelte jüdische Polizisten mit Armbinden, und die schlugen auf ihre Glaubensbrüder mit Knüppeln ein und hofften so, der SS zu gefallen. Die wollte sich nicht die Hände schmutzig machen. Auch in Deutschland gab es Judenräte, die vernünftig, konziliant und einsichtig waren und noch 1938 zu ihren Gemeindemitgliedern sagten: Das müßt ihr doch verstehen, das ist doch verständlich, registrieren müssen wir uns lassen, wir sind doch nun einmal Juden, da ist doch nichts dabei. Und ich höre von Prozessen aus Israel, wo heute noch Juden verurteilt werden, weil sie die gefürchtetsten Schläger im Lager waren. Hier in Frankfurt, Unterlindau 87, praktiziert heute ein Rechtsanwalt und Notar, der war SS-Richter, und als er nach Auschwitz kam und die Hölle sah, begann er, die Folterknechte einzeln anzuklagen. Dr. Morgen heißt er, er wird in diesem Prozeß noch aussagen, aber schon heute steht fest, daß dieser SS-Offizier den Mut hatte, gegen SS-Dienstgrade in Auschwitz Gerichtsverfahren durchzuführen. Es wurden Zuchthausstrafen bis zu zwölf Jahren ausgesprochen. Sogar gegen den Lagerkommandanten Höß soll dieser Mann in Weimar vor dem SS-Gericht 1943 ein Strafverfahren eröffnet haben, das natürlich im Sande verlief. Thema für Ionesco oder einen anderen Absurden: SS-Justiz führt hochnotpeinliche Prozesse wegen Häftlingsmißhandlung in Auschwitz – Verstoß gegen Führererlaß. Zuchthausstrafen werden vollstreckt, und daneben brennen die Krematorien Tag und Nacht hell – kein Verstoß gegen Führererlaß. Aber nein, kein absurdes Theaterstück von heute. Das war die Wirklichkeit von damals.

Mittagszeit. Der Vorsitzende hat schon mehrmals prüfend nach der großen Normaluhr geblickt, die kurz vor halb ein Uhr zeigt. Mittagszeit, Essenszeit, Zeit zum Nachhausegehen, überall legt man jetzt in Deutschland die Arbeit nieder und setzt sich vor die dampfenden Suppen, vor die Kohleintöpfe, vor den Braten und trinkt Bier dazu. Auch hier wird man das tun – natürlich. »Die Sitzung wird bis vierzehn Uhr unterbrochen«, höre ich den Vorsitzenden sagen, und alles atmet auf, erhebt sich, hat es mit einemmal eilig. Jeder will sein Auto, seine Straßenbahn, seinen Restaurationsplatz oder seine Couch zu Hause erreichen, Urlaub von Auschwitz, zwei Stunden Dispens von der Geschichte – nur raus aus diesem gespenstischen Labyrinth, hinein in das Stück greifbare, harmlose Wirklichkeit dieses Landes. Jetzt geht es um den Platz an der Garderobe, man drängt sich und schiebt sich, ist freilich immer noch ein wenig peinlich betroffen wie nach einem guten Theaterstück, hastet mit fliegenden Mänteln die Gänge hinunter.

Vor mir geht Breitwieser, der intellektuell aussehende Buchhalter mit Zyklon-B-Erfahrung. Er geht rasch und federnd und hinkt etwas auf der Treppe. Wohin wird er wohl gehen? Einen Augenblick verfolgt mich die Idee, ihm nachzugehen, ihn zu beobachten, in welches Auto er nun steigen wird und mit wem er die Mittagspause verbringt. Ich denke: Wie wird er sich ausnehmen unter den anderen Deutschen? Wird man es merken in dem Restaurant, wenn er dort sitzt und ißt? Wird er irgendwie auffallen? Man sollte das prüfen. Aber dann weiß ich, daß das ganz unergiebig wäre. Leute mit Zyklon-B-Erfahrung essen und schlafen und lieben in diesem Land wie alle anderen auch. Sie sind Zeitgenossen, Genossen dieser kranken deutschen Zeit.

Seltsam, nun wieder zurückzufinden. Nun ist plötzlich nichts mehr von vorhin wahr; es ist nur Gegenwart, es ist der 27. Februar 64. Über dem Römerplatz liegt helle Sonne, es ist frühlinghaft warm und so strahlend, wie es sonst um diese Jahreszeit nur in Mailand oder Turin ist. Touristen schlendern mit ihren Fotoapparaten über den holprigen Römerplatz und nehmen im Vorbeigehen ein paar Fotos mit. »Lovely«, sagt eine alte Dame neben mir. Eine Gruppe von Negern zeigt sich an einem Springbrunnen interessiert, staunt über Fragmente des Mittelalters, Touristenerstaunen, dreißig Sekunden lang. Ein Fachwerkhaus aus dem Jahre 1383 grüßt im Hintergrund; es ist frisch lackiert: das berühmte Fahrtorhaus Nr. 1, Frankfurts ältestes Gebäude. Muß man nicht dieses heimelige, verträumte, winklige Deutschland lieben? Auch Joyce und Thomas Wolfe standen auf diesem Platz einmal, während Hitler in Deutschland regierte – berauscht und gefesselt von deutscher Gotik.

Ich gehe zur Paulskirche hinüber, betrete den Paulsplatz, und mit einemmal schlägt mir dieser rasende, hastende Mittagsverkehr einer lebendigen deutschen Großstadt entgegen. Es ist wie ein Orkan der Technik; ich fühle mich in ihm verloren. Jetzt kannst du nicht an Erschießen und Vergasen, an Kamine und Krematorien denken, du mußt sehen, wie du heil über diese Straße kommst. Es ist lebensgefährlich, es ist wie ein zivilisierter

Dschungel, ein Kampf der Maschinen, Autos in langen
Schlangen, Signale, Schilder, Grünlichter und Rotlichter
und das gelbe Blinken der Rechtsabbieger, Polizisten mit
schwenkenden Armen wie Puppen. Man schiebt sich und
stößt und wartet, und jemand ruft einem Autofahrer, der
bei Grün nicht schnell genug abzog, etwas nach und tippt
sich dabei selber an die Stirn. So ist das. Das ist Frankfurt
zwölf Uhr fünfundfünfzig, kommerzielles Zentrum des
freien Deutschlands, das ist Bundesrepublik jeden Mittag. Und alle Autofahrer scheinen meiner Altersgruppe
anzugehören, Herren Mitte Vierzig, die jetzt Krieg auf
der Straße, im Geschäft, auf der Börse spielen. Das ist
Deutschland, seine andere, zweite, tüchtige Seite. Du
darfst nicht an Auschwitz denken. Sie fahren dich tot.
Hier auf dem Zebrastreifen vor der Paulskirche werden
sie dich töten.

Ich habe mich in eine Nebenstraße gerettet. Ich schlei-
che, plötzlich von Melancholie gelähmt, an Mauern vorbei. Auch hier alles hohe, neue Bauten, aber dann wird es
stiller, große, gepflegte Buchhandlungen tauchen auf,
und plötzlich erinnert mich ein braunes, hohes Patrizier-
haus mit Butzenscheibenfenstern, gestaffelten Etagen
und schmiedeeisernen Türen daran, daß ich hier ja im
Großen Hirschgraben bin: Geburtsort der deutschen
Klassik, Goethehaus. Zwei Omnibusse, amerikanische
Sightseeing-Cars, parken in der engen Straße, spucken
Touristen aus, die sich hier das Deutschland der Denker
und Dichter rasch zu Gemüte führen wollen. Sie werden
auf diese Attrappe reinfallen, denke ich: Goethes Kamm
und die Bratpfanne der Frau Rath, alles Plunder, alles
Talmi. Das Goethehaus wurde im Krieg zerstört, brannte
aus. Das Goethehaus gibt es nicht mehr. Es ist aus in
Deutschland mit Goethe und Klassik. Es war ja nur wohl
sinnvoll, daß im schlimmsten Jahr von Auschwitz auch
dieses Haus in Asche sank.

Später sitze ich in einem kleinen rumänischen Restau-

rant unweit des Goethehauses. Vornehme Stille. Neun
oder zehn Tische nur, an der Wand eine lange Tafel mit
exklusiven Horsd'œuvres, gedämpfte Musik im Hintergrund. Der Besitzer kommt persönlich, ein älterer weißhaariger Herr aus Bukarest, und empfiehlt mir in gebro-
chenem Deutsch, mit vielen Bücklingen und etwas Französisch, die Spezialitäten seines Hauses. Und ich denke:
Was ist mit uns Deutschen? Sind wir schon wieder die
Herren Europas? Da drängen sich die Völker, die wir
noch gestern überfielen, ausplünderten, unterdrückten
und zur Sklavenrasse heranziehen wollten, uns zu gefallen, uns zu bedienen. Sie müßten uns doch hassen, ver-
achten, müßten uns überall aus dem Weg gehen; aber sie
tun es nicht. Sie kommen zu uns, Millionen von Gastar-
beitern leben in unserem Lande, und Millionen von
Deutschen machen Ferien in ihren Ländern. Sind wir also
ein neues, ein besseres Volk geworden?

Ich schlage die Zeitung auf, überfliege nervös die Über-
schriften, lese: ›Erhard bespricht in Den Haag die euro-
päische Politik‹, ›Keine Passierscheine für die Ostertage‹,
›Die Verhandlungen mit Bulgarien‹, ›Der Fall Argoud
vor dem Bundesrat‹, ›Zuviel Gold‹. Wie, las ich eben
richtig? Stand da etwas von zuviel Gold? Und ich beginne die Notiz zu lesen: »Westdeutschlands Geldverwalter
beklagen einen Zustand, den fast alle Regierungen der
Welt sich sehnlichst herbeiwünschen: In den Tresoren
der Bundesbank häuft sich schon wieder lauter Gold.«
Ich lese weiter, daß sich der Goldvorrat in Frankfurt heute, am 27. Februar, auf 30,3 Milliarden Mark beläuft.
»Die Bundesrepublik schätzt, daß während der vergange-
nen 12 Monate mehr als 2 Milliarden Mark Auslandska-
pital nach Westdeutschland geströmt sind. Allein 25%
aller deutschen Anleihen des Jahres wurden von auslän-
dischen Anlegern erworben.« Und ich frage mich wieder:
Was ist mit diesem Deutschland?

Und ich nehme, da das Essen wohl noch etwas dauern

wird, noch einmal die Notizen heraus, die ich vorhin bei der Zeugenaussage machte. Ich schrieb da nur Worte mit, Worte des Zeugen Dr. Wolken, keine SS-Worte, sondern Worte des Opfers, Sprache des Lagers. Ich lese: »Abstellen, einleiten, liquidieren, verladen, vergasen, krepieren, selektieren, Material aufarbeiten, anfallende Leichen verarbeiten, ins Gas gehen, Frauenlager B I, Zyklon B, auf die Rampe gehen, abführen, abstellen, überstellen, verlegen, Appell stehen, Sport machen, laufen, schießen, verladen, übergießen, Musikkapelle, Walzerklänge, Hundekommando, Hasenjagd, prügeln, im Totenbuch stehen, Muselmänner abstellen, Muselmänner waggonieren, Muselmänner erschlagen, ins Herz spritzen, ins Kreuz steigen, hüpfen . . .«

Während ich diese Worte überfliege, begreife ich auf einmal den Traum von heute nacht. Natürlich, das ist die Sprache der alten Uniform, das ist das Wort Sanka, an das du dich nicht erinnern konntest. Diese Sprache ist noch lebendig, sie gibt es noch, hier in Frankfurt wird sie wieder wach. Wir können uns noch so viel neue Uniformen, noch so viel goldene Kleider anlegen. Der Stabsfeldwebel, der mich anbrüllte und die neue Uniform verweigerte, ist natürlich Hitler: Den gibt es auch noch in uns. Er herrscht noch im dunkeln, im Untergrund; irgendwie hat er uns allen einen Sprung beigebracht. Die einen hasten dem Geld nach, und die anderen gehen zum Auschwitz-Prozeß, die einen decken zu und die anderen auf – das sind zwei Seiten derselben deutschen Medaille. Dieser Hitler, denke ich, der bleibt uns – lebenslänglich.

Nachwort: Zehn Jahre später

Dieses Buch habe ich im Winter 1964/1965 geschrieben. Es erschien 1966 im Rütten & Loening Verlag, München, der heute nicht mehr existiert. Habe ich es wirklich geschrieben? Schrieb es sich nicht von selbst? Es war ein Anfang, ein Aufbruch, ein erster Versuch der Selbstbefreiung. Solche Anfänge, zumal wenn sie sich in vorgerückten Jahren vollziehen, haben immer etwas Gewaltsames und Explosives an sich. Sie kommen wie ein Diktat. Zwang ist am Werk, unbewußte Dynamik, sich endlich zu befreien von einer schweren Last. Die Last hieß Vergangenheit, Jugend, Trauma der Kindheit: eine sehr persönliche und zugleich politische Geschichte. Am Anfang will man nicht schreiben. Man will sich aus unerträglichen Drucksystemen retten. Das Seltsame in der Literatur ist, daß man mit solchen Selbstrettungen immer auch andere rettet. In diesem Sinn wurde ›Das zerbrochene Haus‹ durchaus ein Erfolg. Die Kritik und die Leser nahmen es an. Es hat, außer von wenigen NPD- und SED-Stimmen, damals nur Anerkennung gefunden.

Das Buch hat seine eigene Entstehungsgeschichte, die, jetzt rückblickend, erwähnt sein soll. Es wurde nicht eigentlich geplant. Es schrieb sich, fast unerwartet, von hinten nach vorne. Ich zog Mitte der sechziger Jahre von Baden-Baden nach Frankfurt am Main. Ich kam aus einer langen, zum Schluß nur noch bedrückenden Zeit des Schweigens, der inneren Unklarheiten, beruflicher Abhängigkeiten hierher, um das Leben eines freischaffenden Schriftstellers zu beginnen. Es war eine Zeit der Erwartungen, der Neugier, der Hoffnungen für mich. Frankfurt bot damals viel Stoff für den kritisch engagierten Zeitgenossen. Unter den Menschen, die ich hier kennenlernte, war auch der inzwischen verstorbene, doch unvergessene hessische Generalstaatsanwalt, der eben dabei war, den Auschwitz-Prozeß vorzubereiten. Fritz Bauer wurde mir zum Freund. Er lud mich zum Prozeß ein. Ich saß vier Wochen lang als stummer Zeuge im Gerichtssaal und schrieb danach, zunächst für die Zeitschrift ›Der Monat‹, eine Prozeß-Reportage, die, etwas erweitert und überarbeitet, jetzt das letzte Kapitel des ›Zerbrochenen Hauses‹ bildet.

Erst danach, im Herbst 1964, schob sich langsam der eigene Erinnerungsstoff hoch. Wenn ein Schriftsteller in einem Prozeß sitzt – kann er sich überhaupt mit jemand anderem identifizieren als mit dem Angeklagten? Der psychologische Vorgang mag angesichts der Ungeheuerlichkeiten des Auschwitz-Prozesses absurd anmuten – er war gleichwohl am Werk. Die Bestialitäten, die hier verhandelt wurden, konnten mich nicht von der Frage abhalten: Und du? Wie hättest du dich verhalten, wenn du damals zufällig in die Bürokratie dieser Todeslager als kleiner Soldat geraten wärst? Gibt es geborene Mörder? Werden sie nicht alle durch die Gesellschaft produziert? Was hättest du schweigend hingenommen? Wie schuldig wärst du geworden? Sicher, es gibt diese Mordschwelle. Aber wo hätte deine Grenze genau gelegen? Es ging also, rückblickend, um einen Selbstprüfungsprozeß, auch gegen mich.

Dem ›Zerbrochenen Haus‹ ist in der kritischen Rezeption immer wieder die moralische Radikalität seines Denkansatzes bescheinigt worden. Marcel Reich-Ranicki nannte es in der ›Zeit‹ »Ein Deutschlandbuch ohne Lüge«. Wenn dies der Fall sein sollte, so liegt es, wie mir heute klar ist, in eben diesem rücksichtslosen, ja selbstquälerischen Akt der Identifikation mit der Welt der Angeklagten. Ich schloß mich nicht aus, ich hielt mich nicht heraus, ich ließ es nicht bei Entrüstung sein, es stellte sich mir zwanghaft die Frage nach der eigenen Vergangenheit. Nationalsozialistischer Ungeist war bei dem Halbwüchsigen aus einem Berliner Kleinbürgerhaus wahrlich nicht zu finden. Im Gegenteil, im Rahmen seiner bescheidenen Möglichkeiten hatte er sich immer entzogen, ja einige unverkennbare, wenn auch hilflose Akte des politischen Widerstandes aufzuweisen. Aber war das schon alles? Gab es nicht jenseits von Schuld und Sühne generelle Fehlhaltungen, die die Voraussetzungen für die Hitler-Diktatur in Deutschland bildeten?

Ich begann mich zu erinnern. Ich spürte nach, ich drang ein in die Vergangenheit, ich kehrte in die Jugend und Kindheit zurück. Es war sozusagen mein erstes Reiseerlebnis: Reise in die eigene Vergangenheit. Ich fand, was ich dann im ersten Kapitel, ›Ein Ort wie Eichkamp‹, entwickelt habe. Ich fand das Elternhaus, meine Jugend unter Hitler wieder, die eine ganz untypische, eigene Jugend gewesen war. Gerade weil hier keine eigene Schuld beschönigt werden mußte, weil ich und meine Familie nie in den Bann der deutschen Hitler-Begeisterung geraten waren, bot sich ein ideales, komplexfreies Feld zur Selbstanalyse. Ich entdeckte, was mir zuvor selber nicht so bewußt war, das Phänomen des unpolitischen deutschen Kleinbürgertums, das in seiner sozialen Unsicherheit, in seiner Labilität und Bedürftigkeit nach Irrationalismen das fruchtbare Vorfeld für die innere Machtergreifung des Nationalsozialismus in Deutschland abgab.

So entstanden, Schritt für Schritt, die vier mittleren Kapitel, die meine Entwicklung bis zum Kriegsende 1945 zeichnen. Ein weiteres Kapitel, das meine Kriegserlebnisse als deutscher Obergefreiter zwischen 1941 und 1945 beschreiben sollte und das sinngemäß zwischen ›Die Verhaftung‹ und ›45, Stunde Null‹ gehört hätte, ist mir immer wieder mißlungen. Militärzeit und Krieg fanden gewissermaßen außerhalb meiner Ich-Erfahrungen statt. Ich habe sie mir, jedenfalls bis heute, nicht wirklich zu eigen machen können. Dem kritischen Leser muß hier eine Lücke klaffen, zu der ich mich bekenne.

Statt dessen schob sich aber das Familienmotiv immer beherrschender nach vorne. Das Elternhaus wurde dabei, fast ungewollt, zu einer Metapher für Deutschland. Der Titel, den ich bewußt wählte und der manchmal auf fragenden Widerspruch stieß, ist präzis mein Thema: Ich spreche nicht von einem kaputten, einem zerstörten, einem geteilten Haus – es ist zerbrochen aus innerer Fäulnis, genau wie auch »der Zusammenbruch« nicht 1945, sondern 1933 in Deutschland geschah, von innen heraus. Insofern ist das Kapitel ›Ein Requiem für Ursula‹ der Schlüssel zum ganzen Thema. Es wird die rational nicht mehr ganz zu fassende, biologische Selbstauflösung einer deutschen Familie beschrieben, ihr innerer Zerfallsprozeß, ihre unbewußte Sympathie mit dem Tod. Mein Selbstverständnis als Letzter, als einzelner, das, wie ich glaube, auch in meinen späteren Büchern erkennbar ist, stammt dort her. Es hat mich nie verlassen, bestimmt mich noch immer. Freilich gilt auch das freundlichere, produktivere Wort: Die Letzten sind frei. In dieser Freiheit lebe ich heute.

Bücher, man weiß das, haben ihre eigenen Schicksale. Während sich die Öffentlichkeit mit ihnen zu beschäftigen beginnt, hat sich der Autor von ihrer Problematik meist, weil befreit, schon wieder entfernt. Das gilt seit den Tagen von Goethes ›Werther‹. Man schreibt über den Selbstmord, nicht um sich zu töten, sondern um weiterzuleben. Man schreibt über das Ende, nicht um zu sterben, sondern um einen neuen Anfang zu finden. So war es auch in diesem Fall. Ich fühlte mich befreit nach Abschluß des Manuskripts. Ich begann in den folgenden Jahren mich in zeitkritischen Texten mit meiner Umwelt zu befassen: konkrete Auseinandersetzungen mit dem Deutschland der späten Adenauer-Zeit, mit der DDR, der Teilung der Deutschen, später mit ›Fremden Vaterländern‹, wie eines meiner Bücher hieß. Reisen in die Welt mit dem Gepäck dieser Vergangenheit. Ob darin eine Ausweitung der Horizonte zu sehen ist oder eher, wie gelegentlich registriert, eine Verflachung des ursprünglichen Ansatzes, möchte ich hier nicht entscheiden. Ich habe beide »Reiseformen« nie als Gegensatz empfunden. Beides waren für mich notwendige und zwingende Entwicklungsstufen. Man kann als Autor nur zu sich selber kommen, wenn man sich auf die Welt einläßt. Man kann aber zur Welt nur aufbrechen, wenn man zuvor mit sich selber ins reine kam. Diesen Stellenwert der Selbstreinigung, des Hausputzes scheint mir das Buch in meiner Biographie unverändert zu haben. Sein Schlüsselsatz ganz am Ende: »Dieser Hitler, denke ich, der bleibt uns – lebenslänglich« ist immer noch gültig und nachweisbar in meinen heutigen Hervorbringungen. Insofern glaube ich dem ›Zerbrochenen Haus‹ treu geblieben zu sein.

Natürlich sieht man zehn Jahre später die Stärken und Schwächen eines solchen Erstlings-Wurfes genauer. Er trägt ganz unvermeidlich alle Züge einer Sturm-und-Drang-Produktion. Er bezieht seine Überzeugungskraft aus einer Ursprünglichkeit, ja Naivität des Fragens, die man nur einmal im Leben hat: ganz am Anfang. Subjektivität diktiert. Ein pubertärer Trotz dominiert, der die mir sicher eigene Stilform der Ironie noch im Hintergrund hält. Psychoanalytisch deutend, könnte man von einer analaggressiven Auseinandersetzung in der Trotzphase sprechen, doch tragen solche psychologisch zutreffenden Formulierungen bemerkenswert wenig zur Aufhellung der erzählten Vorgänge bei. Immerhin spüre ich heute auf einigen Seiten eine Schärfe der Auseinandersetzung, die, etwa im Bilde der Eltern, an Ungerechtigkeit, ja Lieblosigkeit grenzt. Einiges würde ich heute differenzierter, psychologisch nuancierter erzählen. Eine emotionale Dramatik bestimmt oft den Erzählprozeß, die von einer geheimen Lust am Exhibitionistischen nicht ganz frei ist. Der dahinter stehende Narzißmus, also der Hang zum

Selbstgenuß, ist noch unreflektiert, durchaus naiv. Heute würde ich versuchen, ihn bewußt ironisierend in den Erzählprozeß mit hineinzunehmen. Die Sprache hat auch nach zehn Jahren eine Intensität, die mir unverändert frisch erscheint. Bisweilen ist sie mir, nach heutigen Maßstäben, aber doch zu direkt, zu massiv, zu holzschnittartig vereinfachend. Ich würde heute manches komplizierter darstellen. Damit wäre mehr Gerechtigkeit am Werk, aber sicher auch ein Stück Passion und Vitalität dahin. Daß der Schmerz ein mächtiger, aber kein ausreichender Wegweiser des Schriftstellers ist, scheint mir heute beim Wiederlesen des Buchs auf mancher Seite erkennbar.

Gleichwohl transportiert dieser schmerzhafte Aufbruch so viel soziale und gesellschaftliche Realität nach oben, daß mir die Neuausgabe des Buchs, das inzwischen auf dem Markt vergriffen war, zehn Jahre nach seinem ersten Erscheinen sinnvoll, ja politisch geboten erscheint. Die Generation derer, die Zuschauer, Mitspieler, Gegenspieler, auf jeden Fall Zeitgenossen Adolf Hitlers waren, beginnt sich zu lichten. Der Zeitpunkt ist absehbar, da es Augenzeugen jener zwölf Jahre kaum noch geben wird. Was lehrbar und lernbar aus dieser Epoche war, ist heute in vielen historischen Werken und Schulbüchern aufbereitet. Was sich aber zwischen den mörderischen Felsblöcken der Geschichte, die damals in Bewegung waren, an privatem Versagen, an menschlichem Verhalten und gesellschaftlichem Klima ereignete, ist in Geschichtsbüchern nicht zu fassen. Das humane Hintergrundfresko einer Epoche bedarf der persönlichen Erinnerung und der literarischen Darstellung. Unverändert durch zehn Jahre Entwicklung, bekenne ich: Das Buch enthält authentische Nachrichten aus einem Reich, das, schon versunken, niemals vergessen werden darf. Es enthält die Erfahrung einer Generation, die den neuen, nachwachsenden Generationen, sofern sie wissen wollen, wie es wirklich war, das mit Hitler und den Deutschen, hilfreich

sein kann. Insofern gilt unverändert der Satz, den Wolf-
gang Koeppen schrieb, als ›Das zerbrochene Haus‹ zum
erstenmal erschien: »Dabei könnte, sollte Krügers Blick
in Zorn und Trauer ein deutsches Hausbuch werden, in
jenem guten, überlieferten Sinn, daß einer aufgeschrieben
und bewahrt hat, was einem Volk widerfahren ist.«

Ich habe den Text für den Neudruck durchgesehen.
Abgesehen von einigen damals aktuellen Bezügen, die
inzwischen überholt sind, habe ich nichts geändert.

Frankfurt am Main, im März 1976   *Horst Krüger*

Ulrich Wickert

Vom Glück, Franzose zu sein

Unglaubliche Geschichten aus einem unbekannten Land

Frankreich – wir meinen es zu kennen und haben doch oft nur die gängigen Bilder und Vorstellungen im Kopf. Ulrich Wickert lädt in seinen „unglaublichen Geschichten" dazu ein, (sein) Frankreich mit neuen Augen zu sehen.

Er spannt einen weiten historischen Bogen und läßt es sich nicht nehmen, eine Fülle von komischen wie nachdenklich stimmenden Erfahrungen auszubreiten. Mit dem ihm eigenen Witz und mit pointierter Ironie wägt Wickert ab, was die Franzosen so liebenswert macht und weswegen man ihrer bisweilen vielleicht auch ein wenig überdrüssig ist.

240 Seiten, gebunden

Auch als Hörbuch erhältlich:
Ulrich Wickert liest
Vom Glück, Franzose zu sein
180 Min. / 2 Cassetten

HOFFMANN
UND CAMPE

Thomas Bernhard im dtv

»Wer in eine Übereinstimmung gerät mit dem radikalen
Ernst, mit der glitzernd hellen Finsternis der
Bernhardschen Innenweltaussagen, ist angesteckt,
fühlt sich sicher vor Heuchelei und gefälligen
Künstlerposen, leeren Gesten, bloßer Attitüde.«
Gabriele Wohmann im ›Spiegel‹

Die Ursache
Eine Andeutung
dtv 1299
Thomas Bernhards Inter-
natsjahre zwischen 1943
und 1946. »Wenn etwas aus
diesem Werk zu lernen wä-
re, dann ist es eine absolute
Wahrhaftigkeit.« (Frankfurter Allgemeine Zeitung)

Der Keller
Eine Entziehung
dtv 1426
Die unmittelbare autobio-
graphische Weiterführung
seiner Jugenderinnerungen
aus ›Die Ursache‹. Der Bericht setzt ein, als der sech-
zehnjährige Gymnasiast
beschließt, sich seinem bis-
herigen verhaßten Leben zu
entziehen…

Der Atem
Eine Entscheidung
dtv 1610
»In der Sterbekammer
bringt sich der junge Thomas Bernhard selber zur
Welt… Aus dem Totenbett

befreit er sich, in einem ener-
gischen Willensakt, ins
zweite Leben.« (Die Zeit)

Die Kälte
Eine Isolation
dtv 10307
Mit der Einweisung in die
Lungenheilstätte Grafenhof
endet der dritte Teil von
Thomas Bernhards Jugend-
erinnerungen, und ein neues
Kapitel in der Lebens- und
Leidensgeschichte des Acht-
zehnjährigen beginnt.

Ein Kind
dtv 10385
Die Schande einer unehe-
lichen Geburt, die Alltags-
sorgen der Mutter und ihr
ständiger Vorwurf: »Du
hast mein Leben zerstört«
überschatten Thomas Bern-
hards Kindheitsjahre. »Nur
aus Liebe zu meinem Groß-
vater habe ich mich in meiner Kindheit nicht umge-
bracht«, bekennt Bernhard
rückblickend auf jene Zeit.

Max von der Grün im dtv

»Max von der Grün kennt die Leute, die er beschreibt, er
weiß, wie sie reden, was sie denken, er hat mit ihnen
gelebt und vermag sie mit sicherem Griff darzustellen ...«
Hans Albert Walter in der ›Zeit‹

**Männer in zweifacher
Nacht**
Roman · dtv 11829
Als Werkstudent auf einer
Zeche im Ruhrgebiet.

Stellenweise Glatteis
Roman · dtv 11830
Für Karl Maiwald, Arbei-
ter in einem Dortmunder
Betrieb, sind Moral und
Gerechtigkeit noch Werte,
die er auch von seinem Ar-
beitgeber fordert. Doch er
macht bittere Erfahrun-
gen, als er einen Abhör-
skandal aufdeckt ...

**Leben im gelobten Land
Ausländer in Deutschland**
dtv 11926
Menschen verschiedener
Nationalitäten, die in
Deutschland arbeiten, er-
zählen von ihrem Leben,
von ihren Erwartungen
und Enttäuschungen.

Fahrt in den Morgen
Erzählungen · dtv 11994
21 Erzählungen aus dem
Ruhrgebiet.

**Zwei Briefe an
Pospischiel**
Roman · dtv 11996
Paul Pospischiel, Arbeiter
in einem Dortmunder
Elektrizitätswerk, erhält
einen Brief von seiner
Mutter, der existenz-
bedrohende Folgen hat.

**Wie war das eigentlich?
Kindheit und Jugend im
Dritten Reich**
dtv 12098
Max von der Grün, Jahr-
gang 1926, erzählt seine
Jugendgeschichte, die Ge-
schichte seiner Familie
und darüber hinaus die
Geschichte einer Epoche
totalitärer Herrschaft.

Die Lawine
Roman · dtv 12149
Ein Mann wird erhängt
aufgefunden. Er hinterläßt
Frau und Kinder, eine ju-
gendliche Geliebte, eine
Fabrik und ein Testament,
das ohne Beispiel in der
bundesdeutschen Unter-
nehmensgeschichte ist ...